读客文化

人物篇 ▶ 多角度理解历史人物
从越多角度看待问题,就有越多解决问题的方法!

罗振宇 • 著

文汇出版社

图书在版编目（CIP）数据

罗辑思维. 人物篇 / 罗振宇著. -- 上海：文汇出版社，2020.12
ISBN 978-7-5496-3337-1

Ⅰ. ①罗… Ⅱ. ①罗… Ⅲ. ①经济管理－通俗读物 Ⅳ. ①F2-49

中国版本图书馆CIP数据核字(2020)第187260号

罗辑思维：人物篇

作　　者 /	罗振宇
责任编辑 /	徐曙蕾
特邀编辑 /	敖　冬
封面装帧 /	唐　旭　谢　丽
出版发行	文匯出版社
	上海市威海路755号
	（邮政编码200041）
经　　销 /	全国新华书店
印刷装订 /	河北鹏润印刷有限公司
版　　次 /	2020年12月第1版
印　　次 /	2021年6月第3次印刷
开　　本 /	890mm×1270mm　1/32
字　　数 /	158千字
印　　张 /	8
ISBN 978-7-5496-3337-1	
定　　价 /	39.90元

侵权必究

装订质量问题，请致电010-87681002（免费更换，邮寄到付）

目录

第1章 威尔逊：
一个理想主义者的悲剧 ………………………… 001

理想主义者在远处的人看起来，就是照亮黑暗世界的灯塔。但是在身边人看起来，难免固执，不切实际。

引言
01 当原则遇到现实 ……………………………… 006
02 不切实际的内在缺陷 ………………………… 010
03 化为泡沫的理想悲剧 ………………………… 014
04 很难跟身旁的人处好关系 …………………… 017

第2章 林肯：
政客与政治家 …………………………………… 023

他小心翼翼地走在人们的前面，人们慢他就慢，人们快他就快。

引言
01 平民律师逆袭美国总统 ……………………… 026
02 政客和政治家的行为逻辑 …………………… 030
03 战战兢兢地跟随在民意身后 ………………… 035
04 政客要拥有狮子的力量和狐狸的狡猾 ……… 040

第3章 图灵：
被庸众迫害的天才 ……………………… 047

直到今天，我们判定一个机器是不是具有了人工智能，用的还是图灵当年发明的一套测试的方法。图灵哪里仅仅是一个科学家？他是一个大神，因为他是个哲学家。

引言
01 密码破译——数学家对决的战场 ……………… 052
02 图灵机——人类思考过程的复制和再现 …… 060
03 天才也只是普普通通的码农 …………………… 064
04 扑朔迷离的自杀案 ……………………………… 069
05 请让庸众停止迫害 ……………………………… 075

第4章 麦克阿瑟：
被遮蔽的"网红"将军 ………………… 083

麦克阿瑟这一生最顶峰的时代，不是他打赢第二次世界大战，而是改造日本成功，直到今天，美国政界也是以此为荣。

引言
01 表演型人格 ……………………………………… 086
02 朝鲜战争昏招连出 ……………………………… 092
03 只看得到一件大事 ……………………………… 097
04 网红将军的盲区 ………………………………… 104

第5章

亚历克斯·弗格森：
始终如一的领导力 ………………………… 113

曼联的吸引力就在于它在足球这个充满不确定性的领域里，向球迷交付了一种确定性。

引言
01 在球场上打造确定性 ………………………… 117
02 始终如一地锤炼自己和团队 ………………… 121
03 瞄准竞争对手的核心要害 …………………… 124

第6章

项羽：
神经质的性情少年 ………………………… 129

项羽处理秦王，表面上看全是仇恨，可是你把所有的事连起来看，你会发现除了仇恨，还有一种巨大的恐惧。

引言
01 一波三折的秦王朝灭亡之路 ………………… 132
02 西楚霸王也是性情少年 ……………………… 137
03 投机主义者的反对面 ………………………… 142

第 7 章

**嘉靖：
知分寸的权谋高手** ················ 147

武侠片当中经常会出现这样的镜头，两个武林高手打着、打着突然不打了，往上蹿，为什么？不是不打了，是要争夺制高点去了，嘉靖皇帝就是一个这样的高手。

引言

01 少年皇帝也有政治敏感 ················ 151
02 巧用礼节谋求皇位合法性 ·············· 157
03 权谋家的本色 ······················ 164
04 皇帝和首辅间的权力游戏 ·············· 170

第 8 章

**朱高煦：
恶之花结成的恶之果** ··············· 181

正是因为在明朝发生了这么一件事情，最后就在它的机体上演化出了一个巨大的毒瘤，而且根本无法割除。从某种意义上讲，最后明朝就是死在这件事情上面。

引言

01 篡位皇帝的继承争夺战 ················ 186
02 虎毒也食子 ························ 192
03 继承者正统性的思量 ·················· 197
04 藩王造反后留下的毒瘤 ················ 204
05 沦落到囚笼生活 ····················· 209

第9章

崇祯：
起早贪黑辛辛苦苦走上
破家亡国的不归之路 ………………………… 215

有时候中国人读历史，老喜欢讲一句话，叫说时迟那时快。而实际情况是什么？是说时快，那时迟。

引言
01 皇帝为什么不肯南逃保命 ………………………… 219
02 起早贪黑辛辛苦苦走上破家亡国的不归之路 … 225
03 中层领导管理陷阱 …………………………………… 230
04 权力是一种临时性平衡 …………………………… 237

罗胖人物传记清单 ………………………………… 244
我的人物传记清单 ………………………………… 246

理想主义的感召力非常强大，人人仰望，但是也让每一个人的预期超过了他的现实力量。

理想主义总是有一种自我完美的倾向，这就会导致它必须忽略一部分现实。

第 1 章

威尔逊：
一个理想主义者的悲剧

威尔逊是一个理想主义者。理想主义者在远处的人看起来，简直就是照亮黑暗世界的灯塔。但是在身边人看起来，难免固执，不切实际。

引言

美国总统威尔逊可不是一般的政客，他是一个地地道道的学者，美国普林斯顿大学的校长，在教育界非常有名，是一名法学家和政治学家。以纯粹的学者身份入主白宫当总统，这在美国历史上还是第一次。

威尔逊身上有着强烈的、学者特有的理想主义色彩。这其实也不是威尔逊自己的特点，那个时代的美国就是这么个劲头儿——我是几百年前从欧洲离家出走的不肖子孙，我凭着自己的努力在外面发展得不错，我现在GDP世界第一，证明我的道路是正确的。

第一次世界大战，1919年威尔逊去欧洲参加巴黎和会。国内有很多反对的声音。反对什么？这些人认为美国总统在任期内不应该访问欧洲，欧洲有一群阴谋家，你去参加吵吵嚷嚷的谈判，是自降身价，会损害美国的道德权威。美国有着强烈的道德优越感，端着架子。当时有一位刻薄的英国外交家评论说，威尔逊来欧洲参加巴黎和会，就像是一位初次参加社交舞会的少女。

确实，威尔逊有自己骄傲的理由：两个方面，第一，没有美国的参加，你们协约国能打赢德国吗？我是你们的恩人。你再看看你们欧洲的家底，仗打完了，欧盟总共欠美国政府超过70亿美元的债务，这还不算欠美国银行的35亿美元，我有话语权；第二，美国既不要赔款，也不要割地，更不想惩罚谁，我就是来重建世界的，我有道德制高点。

这个话语权和道德制高点，体现在一份文件里，那就是威尔逊的《十四点和平原则》：

（1）公开订立和平条约，无秘密外交；

（2）无论战时与和平时期，公海航行绝对自由；

（3）取消国家间的经济障碍并建立贸易平等条约；

（4）充分互相保证，各国军备必须减少至保证本国内部安全的最低水平；

（5）调整对殖民地的要求，平等对待殖民地人民；

（6）德国撤出俄国，调整俄国问题；

（7）德军撤出比利时，恢复比利时之独立性；

（8）德军撤出法国，阿尔萨斯-洛林也归还法国；

（9）根据民族性原则，重新调整意大利边界；

（10）奥匈各族自治，允许独立；

（11）同盟国撤出罗马尼亚、塞尔维亚和黑山；

（12）奥斯曼帝国的民族自决；

（13）恢复波兰之独立性；

（14）成立国际联盟以维持世界和平。

其中最重要的是三点：第一，民族自决，谁的事谁做主，强大国家不能欺负弱小民族；第二，以后不搞秘密外交，有事放在台面上说；第三，成立一个国际联盟，以后国家之间再有矛盾，别喊打喊杀，讨厌。就像美国有联邦政府和最高法院一样，有矛盾找国联。

这份原则，有的很实，比如德国要归还阿尔萨斯-洛林，波兰要重建成一个国家，等等；有的很虚，比如反对秘密外交，保障自由贸易，裁减军备，平等对待殖民地人民。最重要的一条，对全世界都有吸引力——民族自决。各个民族应该自己成立国家，管理自己。

01

当原则遇到现实

当时可是个弱肉强食的时代,全世界都有人凭着拳头硬欺负弱者。这个时候突然出现美国这样一个大汉,身强体壮,还有道德感召力,突然大喊一声,谁也不许欺负人,各家人管好各家的事,谁也不许强占别人家的地盘。这不简直是包青天再世吗?

听着挺好吧?但是理想主义一旦到了现实中,会遇到各种具体问题。

比如,威尔逊认为,一个界限清楚的民族,就应该自治。问题是,什么才叫"界限清楚"的民族?波兰人很明显,应该成立一个国家。那么乌克兰人?斯洛伐克人?还有那些细分出来的人?例如乌克兰里的天主教徒,或者波兰新教徒?他们都觉得自己和其他的乌克兰人和波兰人不是一回事,他们也该自治、成立一个国家吗?这么分下去就没有个头儿了。

尤其是在中欧,过往的历史让宗教、语言以及文化乱成了一锅粥。当地大概有一半的人口有好几种少数民族身份,该把他们分到哪个国家？比如在巴黎和会刚开始的时候，就有一帮斯洛文尼亚的白胡子老头，组成了一个代表团去找美国请愿，说我们生活在斯洛文尼亚，巴尔干北部，但是我们这个镇上，6万人都说德语，我们说德语已经超过700年，我们可不愿意加入南斯拉夫，更不愿意并入德国。按照威尔逊的民族自决原则，我们人太少，也不能成立一个国家，我们申请与美国合并，行不行？这不是胡闹吗？

还有的情况，比如说爱尔兰，当时归英国管辖。但是很多爱尔兰人就想独立，也跑到巴黎请愿。威尔逊说要民族自决，你来给我们主持公道。威尔逊说这个不能支持，爱尔兰属于英国内政。那为什么到爱尔兰人就不行？威尔逊给的理由也很奇葩，说英国是一个民主国家，你们爱尔兰人生活在一个民主国家中，可以通过民主的方式解决问题。这话明显不讲理，那也就是说，一个英国这样的民主国家，并吞了哪个民族，哪个民族就不适用威尔逊说的"民族自决"原则。这不是强盗逻辑吗？

还有一点，也是当时大家极力主张的一个做法，叫全民公决。这个地方的事务归属哪个国家，这样的大事由当地人通过国际监督的不记名投票方式来解决。听起来也对是吧？

但是在实际中，会发生什么。谁可以投票，是只允许男性，还是女性也可以？是只有居民可以，还是只要是在争议地区出生的人都可以？这些问题都是具体问题，原则都说不清楚。

如果按照全民公决的方法，法国人就没有办法收回他们的阿尔萨斯和洛林。为什么？这两个地方，原来归属于法国，普法战争法国失败了才割让给了德国，但是德国统治这两个地方之后，把当地说法语的人给赶了出去，又让德国人往那儿移民。现在要在这个地方搞全民公决，那只能是留在德国。法国怎么会同意？

更有甚者，民族自决原则要想落地，至少每个人都得知道自己属于哪个民族吧？事实上，并不是每个人都知道。1920年，在白俄罗斯地区，俄罗斯人、波兰人、立陶宛人、白俄罗斯人和乌克兰人混居，有一位外部调查员询问一位农民的身份，你是哪个民族？他得到的答案是：无论在哪儿我都是个天主教徒。对，很多人都不关心自己的民族身份，以民族来划分身份认同，这是一个现代社会的概念，但对于很多人来说，其实并不适用。

1919年末，威尔逊回到美国之后，对国会说当初我用这种表达方式，所有民族都有权自决，我没有意识到有如此多的民族会接连不断地找上我们。当时在欧洲甚至还有一个阴谋论——意大利的外交大臣桑尼诺说战争本来就已经让民族意识变得疯狂，现在美国又把这个原则说得这么清楚，这也许就是为了煽动这种意识吧？美国的好心，被理解成了捣乱。

不仅是外人。威尔逊的国务卿蓝辛也在问，"总统在说'自决'这个词的时候，心里想的是个什么标准？是人种、地区，还是团体？"蓝辛认为，威尔逊想出这个词是场灾难。他这样说："这种说法只会带来永远无法实现的希望，我担心千万条生命会因此葬送。有人为了这个原则会不惜诉诸武力，但理想主义者无视这种危险，等意识到这一点时，一切都太迟了。最终'民族自决'这个词必然落得万众唾弃,被人们当成理想主义者的春秋大梦。"

一个看似绝对正确的原则,往往具有很大的道德感召力,很多人走到这里,就已经非常陶醉了。但是,距离这些原则变成现实,还有太远的距离。

02

不切实际的内在缺陷

这还不是威尔逊理想主义悲剧的全部，理想主义还有两种内在的逻辑缺陷。

第一个矛盾，就是理想主义表面上会整合大家的意见，谁不欢迎理想？尤其是那些美好的理想。但是理想主义有一个副作用，就是它实际上扩大了潜在的矛盾。

威尔逊刚开始给全世界的希望是巨大的，美国强大，有道德优越感，主张各民族自治，主张成立国际联盟解决争端，我们现在听起来也觉得是一套很完美的方案。处在那个时代的人，当然会对喊出这样主张的大哥抱有期待。

威尔逊来到巴黎的时候，全欧洲的广场、街道、火车站、公园都贴着威尔逊的名字。海报上用硕大的字写着"我们要威尔逊那样的和平"。意大利士兵在他的画像前下跪，法国名人争相在报纸上赞美威尔逊。全世界从阿拉伯到波兰，从希腊到中国，所有要争取民族独立的人都指望威尔逊和美国主持公道。

一个理想主义者，特别容易被这种山呼海啸般的称颂迷惑。这种称颂背后是什么？是更高的利益期待。理想主义的感召力非常强大，人人仰望，但是也让每一个人的预期超过了他的现实力量。现实世界的均衡是要靠妥协来实现的，但是有了这种理想主义的旗帜，每个人的利益诉求都被调高了，达成现实中的妥协就更难了，期望和期望之间的裂缝越扯越大。

举个例子。德国人在一战后愿意停战，其实也和威尔逊的《十四点和平原则》有关。

第一次世界大战打到1918年，德国虽然筋疲力尽，但是并没有失败，德国的军队还是在法国领土上。威尔逊的《十四点和平原则》一公布，德国一看，不错。新来的美国大哥也不主张我赔偿，他宣布的各项理想举措也听起来那么美好，在这个基础上，不打也行。战后反正有美国人主持公道，德国不至于太吃亏，这才同意停战。威尔逊的理想主义给了德国人不切实际的期待。

可是哪有那么便宜的事？你打完撤军了不赔偿，法国人怎么可能答应？等到巴黎和会结束，拿出最后的停战协定让德国签字时，又是巨额赔偿、裁军缴械，又是领土切割，德国人当然有一种上当受骗的感觉。20年后希特勒发动第二次世界大战前，就反复强调德国并没有失败，是一系列人在背后捅刀子。希特勒指的人，是不是就可能包括美国总统威尔逊？

不止是德国失望，巴黎和会的结果是英国也失望、法国也失望、全世界弱小民族都失望。

理想主义点燃了希望，获得了掌声，开局很好，但是它也让各方面的期望值过高，现实世界的矛盾就更难弥合。其实在去巴黎的路上，威尔逊就说了自己的担心，他说："我好像看到了一场辜负众望引发的悲剧。我真心希望是自己感觉错了。"威尔逊说得没错，美国确实拿自己的理想主义辜负了全世界的期望。

这是理想主义的第一个内在逻辑缺陷。还有第二个，理想主义总是有一种自我完美的倾向，这就会导致它必须忽略一部分现实。比如，你想要画一个理想的圆形，这只能在脑海中构想，一旦回到现实，它就没有那么圆了。你为了完美的圆形，放弃在纸上画，忽略一切真实的圆形。

再举一个巴黎和会期间的例子。

法国一直想给威尔逊安排一次战地巡视。为什么？很简单，威尔逊从来没有见过一战的战场，他无法想象法国打得有多惨。

当时在法国北部，一眼望过去，全是弹坑、战壕、一排排的十字架，简直是坟地。法国有15 500平方公里被彻底毁掉了，这是多大？大概就是今天整个北京直辖市这么大一片地方。战前那里可是法国20%的农作物、90%的铁矿石和65%的钢铁出产地。现在农田连带矿山、工厂被夷为一片平地。在战争最惨烈的凡尔登地区，几乎是打得是寸草不生。而对比一下德国，德国虽然战败，但是境内基本没有受损失。工厂都在，恢复经济能花多长时间？

法国人还有一个更深远的担忧，就是人口。那个时代的人看待战争，其实就是双方往战场上投放多少人力，人力本质上就是战争能力。

德国人口本来就比法国多，出生率还高，从长远看，德国的战争潜力比法国要好得多。第一次世界大战，法国阵亡人数是130万，对于一个总人口4000万的国家，这本来就是一个骇人听闻的数字，但是实际情况比这还要严重。第一次世界大战的时候，军队还有传统道德的基本约束，不屠杀平民，阵亡的人全是年轻的军人。法国年龄在18岁到30岁之间的男子，在战争期间死亡了四分之一，这就吓人了吧？因为法国是前线，法国受伤的人尤其多，是其他国家的两倍。

在这种情况下，法国作为战胜国，当然要利用暂时的优势玩命压制德国。这个时候不压制，以后就更没机会了。这不完全是意气用事，是法国出于自己国家利益的长远考量才有这样的政策基调。

03

化为泡沫的理想悲剧

回到前面介绍的,为什么法国人希望威尔逊能去战区看看?就是希望他能亲眼看到法国的这种惨状,或许美国人就更能理解法国总理克里蒙梭的那些看起来非常苛刻的要求。但是威尔逊就是不去,而且拒绝得还很气愤。

威尔逊对自己的人说:"法国人是要让我看那些被战争肆虐过的地区,以为我在看见惨状之后就会听任他们的摆布。"他绝不能这样被人操纵。和平必须平静地降临,不能有感情因素。威尔逊还说了一句话:"就算是法国全国都被炸成了一个大弹坑,最后的和解方案也不会因此更改。"

这是一个典型的理想主义的思维方式。为了我要构建的那个理想世界,现实是不值得考虑的,甚至我看都不要看,因为我担心看了一眼之后,就会在情绪上被操纵。

威尔逊作为一个理想主义者,他本人就有这样的倾向。他的国务卿蓝辛就讽刺他说:"如果和他的直觉不符,哪怕事实就摆在那儿他也会视而不见。这是一种像神一样的权力,只拣正确的说。"

在巴黎和会期间,法国总理克里蒙梭说过一句话:"我发现,自己就夹在耶稣基督和拿破仑中间。"这言下之意就是,英国人是拿破仑,只想着要利益;而美国总统威尔逊只想着当圣人耶稣,拿着道德优越感欺负人,完全不看现实。

这样达成的《凡尔赛合约》当然是一个四不像。不是会议时间不够长,不是在场的政治家不用心,其中一个很重要的原因是,威尔逊带来的光芒万丈的理想主义,让所有来自现实的声音,都显得自惭形秽、凌乱不堪,显得剩下的所有声音都变成了乱成一团的利益纷争。但是最后巴黎和会开成了一地鸡毛,理想主义的东西只剩下了形式,而现实主义的因素又没有得到充分的考虑。这样的巴黎和会,反而为20年后的另一场灾难种下了根。

《缔造和平》这本书,专门介绍巴黎和会,威尔逊参加巴黎和会的时候,就是想实现自己的理想主张。这套理想,今天听起来都很令人神往。在一战之后的那个时刻,真是乌烟瘴气中的一股清流。但是结果很可惜,巴黎和会开完了,回头一看,一条都没能实现。

你说不搞秘密外交,那为什么巴黎和会最后还是开成了三巨头的小圈子的私人会议?你说,成立国际联盟,设想是你提的,国际联盟也成立起来了,到头来反而是美国自己没有参加。威尔逊的理想主义,最终变成了一个美丽的水泡。

巴黎和会的历史，很多人对那几位和平缔造者，对英国首相、法国总理、美国总统总是有微词。说他们对现实妥协了，没有实现理想，而且还要对第二次世界大战的爆发负责任。但是像希特勒这样的野心家，像日本那样的军国主义国家，为了煽动人民，什么都可以拿来做借口。这笔账算到威尔逊他们头上，这不公平。

说到这儿，你会不会以为我要为威尔逊喊冤？不是的。理想主义者威尔逊还是犯下了一个严重的错误。这是我看完了《缔造和平》这本书，得到的一个很重要的心得。

巴黎和会结束后，威尔逊回到美国。这个时候，他的处境发生了一个变化。在巴黎他是美国总统，就代表美国，但是回到国内，他可不代表美国，有太多的政敌在等着他。最后，他付出半年口舌争取的所有结果几乎都付诸东流了。美国国会否决了《凡尔赛和约》，美国提议的国际联盟成立了，美国也决定不参加。

为什么？这就得回到威尔逊这个人的性格了。

04

很难跟身旁的人处好关系

威尔逊是一个理想主义者。理想主义者在远处的人看起来,简直就是照亮黑暗世界的灯塔。但是在身边人看起来,难免就是固执,不切实际。威尔逊这个人,在历史上的评价非常两极化。法国驻华盛顿大使这样形容威尔逊:"假如他生在几个世纪之前的话,会成为全世界最大的暴君,因为他根本不认为自己会犯错。"这个评价不见得公允,但这是跟他熟悉的人的真实感受。

为什么?《缔造和平》作者麦克米伦对威尔逊有一段评价:"这个人的品格可以用《圣经》中最高贵的语言来形容,可他对待顶撞他的人又是如此无情;这个人热爱民主,却又鄙视多数同行政客;这个人想要为全人类做贡献,自己却没有几个朋友。这些矛盾该如何解释?"

其实很好解释。一个理想主义者,总是容易踏入这样的陷阱。他们对远处的人充满了同情心和感召力。但是,他们对身边的人,总是要维持道德上的优越感,总是要刻意地高人一等。这种人，自以为在道德上毫无瑕疵，但是也容易招惹来身边人的仇恨。比如老罗斯福总统就说，威尔逊是"有史以来美国最虚伪、最冷血的一任总统，一个机会主义者"。

其实也不只是威尔逊。我们之前提到的法国总理克里蒙梭，也是这样的人。对他有这样一句评价，说他"爱法国，但是恨所有的法国人"。理想主义者总是能吸引远方的人，甚至能被敌人所敬重，但就是和身边的人处不好。

威尔逊在选择参加巴黎和会的美国代表团成员的时候，这一个特点就表现得淋漓尽致。他选的全是自己的身边人。在美国国内政治中，你威尔逊只是代表民主党。那些对立面共和党，他们是支持你参加一战的，也是想要建立国际联盟的。现在可好，你自己到欧洲去采摘胜利果实了，共和党人全被你抛弃了。

共和党人、也是上届美国总统塔夫脱就说："好一群吝啬小人，他们要是能办成事情才见鬼了。"共和党人带着这种情绪在国内等着，你威尔逊在巴黎奋战半年，可以预见，不管将来他带回什么和平方案，共和党都会反对他。

跟身边人处不好关系，这个魔咒在威尔逊身上反复发酵。

他对自己任命的国务卿蓝辛，刚开始各种赞赏，但是到后来相处时间一长，他对蓝辛的评价变成了"他没有想象力，没有创造力，不管在什么方面都没有一丁点儿真材实料"。

他最亲切的密友豪斯，威尔逊称他是"另一个我"。关系多亲密，但是后来这两个人的友谊也是彻底破灭。

当威尔逊带着凡尔赛合约回国的时候，他的那些政治对手，正在团结起来，给他准备一出好戏。

其中领头的人，是共和党在参议院外交委员会的主席洛奇。洛奇对威尔逊性格上的弱点了如指掌。他采取的反对策略，非常聪明。两点：第一，他要对威尔逊谈回来的条约做一点修改，要保护美国的行动自由，不能被英国和法国绑架；第二，他又盛气凌人地对威尔逊进行人身攻击。

威尔逊哪儿受得了这个？如果他是一位现实主义的领导人，他可能会冷静而现实地反击，一边反驳洛奇，一边争取尽可能多的支持者。因为刚开始他是占优势的，只要人数过三分之二，《凡尔赛和约》也就在国会通过了，毕竟只是要做一点修改。事实上，协约国也是准备接受这个修改的。

但是，威尔逊没有，他的理想主义，让他可以和敌人在谈判桌上妥协，但是身边人的反对却能激起他的怒气。威尔逊在参议院的发言人说："总统不会妥协，哪怕是删去一个字母。"即使是威尔逊身边的人也建议他做点妥协，威尔逊的回答仍然是："让他们去妥协。"

看吵架这种事总是这样。谁表现得弱势一点，旁观者总是更会同情。洛奇反复表示，我只是要求一点修改，很节制。而威尔逊的态度倒是不容商量。威尔逊渐渐地丢掉了所有旁观者的同情。

那威尔逊怎么办？还是我们刚才讲的，理想主义者的惯常做法。他和身边人处不好关系，但是对民众的吸引力很大。1919年9

月2日，他离开了华盛顿，坐上火车，开始搞全国巡游演讲，想说服民众支持自己签订的《凡尔赛和约》。但是老天爷没给他这个机会，威尔逊这个时候身体非常不好。到了10月初，威尔逊再一次中风，导致半身不遂。这时候距离他的总统任期结束还有大半年，但是他再也没能真正地行使总统的职权。他从巴黎带回来的和约自然也就付诸东流了。这是一个理想主义者的悲剧。

一百年了，我们回顾当年发生的这件事，不得不感慨——

理想主义是个好东西。但是需要注意：第一，如果没有妥协，理想不能落地；第二，如果不能整合一切力量，尤其是身边人和自己人的力量，固守底线，妥协就没有意义。

政治家，要有坚定的理想，本身就是灯塔，就是旗帜。

政客，在权力的网络中，必须要拼尽全力获得其他人的支持。

第2章

林肯：
政客与政治家

他小心翼翼地走在人们的前面，人们慢他就慢，人们快他就快。

引言

你可能会说"政客"这个词好像带点贬义,我们没有这个意思,只是想通过林肯和其他几位美国总统的故事,告诉你什么是现实的政治以及现实政治当中人的处境。

林肯这个人对于大多数人来说通常是三个印象:第一,领导了南北战争;第二,是一个坚定的废奴主义者;第三,他是一个平民总统。没错,今天我们想要强调的就是他的第三点。你有没有觉得奇怪?在林肯之前的十几任美国总统,基本都是大绅士、大精英、大政治家,比方说华盛顿、杰斐逊,都是弗吉尼亚著名的庄园主,家大业大,然后功勋卓著,在当总统的时候头上戴满了桂冠,两人任职后退老还林,然后享受各界的膜拜,都是那样的人。

唯独林肯这个人,是普通人逆袭,他出身很穷苦。在1860年竞选总统之前,他就在伊利诺伊州当一个小律师。那么他是在什么样的机制下,在1860年突然就胜出了?我们下面来详细介绍。

01

平民律师逆袭美国总统

我们先说第一个原因，是偶然，人走运了谁也拦不住。林肯走的什么运？就是当时共和党和民主党这两派的争夺，突然出现了一个偶然性的缝隙。我们先看共和党这边，共和党之内的那些大佬，苏鄂德、蔡斯、贝茨都是为总统宝座做了几十年精心准备的，在国会上人脉深厚，不是当过州长就是当过参议员，要不就起草过重要文件。可是这些大佬们有一个重要的缺陷，就是在当时美国竞选的两个关键州，这三个人都没有必胜的把握，一个是路易斯安那州，一个是宾夕法尼亚州。

林肯在这两个州的基础不错，他的竞选团队就拼命地告诉共和党的这些代表说，林肯这个人牛，林肯这个人牛。1860年，共和党在芝加哥开大会推选总统候选人的时候，就反复琢磨，党内就拿不定主意。后来经过三轮投票，最开始林肯根本就不在名单上，一直到第三轮投票，林肯才以微弱优势胜出。

但这只是共和党这边，还有民主党。正好1860年民主党发生了一次大分裂，当时民主党呼声最高的总统候选人是一个叫道格拉斯的人，号称"小巨人"，身材矮小，只有拿破仑那么高，但是这个人的政治威望极高，跟林肯进行过著名的七次辩论。但这个人并不是坚定的蓄奴主义者，那么他跟林肯辩论什么？他主张各州有决定自己是否成为蓄奴州的权力，但他其实也痛恨奴隶制度。道格拉斯和典型南方奴隶主们，也就是和民主党内的那些大佬们貌合神离，后来发生了分裂。

共和党拧成了一股绳，民主党发生了分裂，最终共和党赢了。可是你去看1860年的竞选结果，是一个非常古怪的结果。首先林肯得到的美国选民的选票只占百分之三十几，如果对美国政治制度了解一点的话，你就会知道美国有一种选举人制，这一州你只要赢了，这一州所有的选举人票赢家通吃。林肯虽然说在全民当中只得到百分之三十几，但是他选举人票多，他赢了。

可你再去看选举结果，所有的南方州选举人票，林肯一票都没有拿到，林肯当时的位置不仅从竞选结果上看，他是一个弱势总统；从他的出身和来历来看，他也是一个弱势总统，因为他不是一个典型的政治家，此前的布坎南、昆西·亚当斯、门罗，都是精英政治家，唯独到了林肯的时候，出现了一个平民政治家。一个平民政治家，虽然我们前面讲了很多偶然因素，那有没有必然？当然有。那就是美国政治、民主政治成熟带来的一个结果，林肯他老爹就是一个典型的美国拓荒者，先到肯塔基，再到路易斯安那，再到伊利诺伊，每到一处都是重新盖房子，重新烧荒，重新砍树、种田，等等。林肯小时候生活非常苦，是一个典型的美国开拓者家庭出来的人，什么苦活累活都干过。但是当民主政治成熟之后，选票在谁手里？底层老百姓手里，像华盛顿、杰斐逊那一代人，身为绅士，有很高的名望，有很好的道德，有坚定的政治理想。但这一套在真正的民主政治的时候，发现玩不转了。而相反，像林肯这样的人，他就玩得转。

林肯在竞选的时候，他会让他的一些班子，把一些劈开的木头放在竞选的现场，就是要告诉别人，我是干苦力活出身，我跟你们都一样，都是平民百姓。林肯的儿子曾经跟他说过，老爹，你把那些木头搁在那儿，丢人吧？人家竞选总统，都是大政治家，你搞一批木头。林肯说不妨，不妨，就搁在那儿。

这是第一个通过向底层民众进行身份上的靠拢获得政治胜利的案例。你如果再去看美国当时的政治生态，也有一些其他的变化，比如说新闻界。美国那么大的国土，有的时候政治意愿的传达，政治信息的传播，都是要靠新闻界。推荐大家看一篇马克·吐温的魔幻现实主义小说，写的是当时的美国政治，叫《田纳西的新闻界》，你就知道当时的舆论争夺是多么厉害，甚至说是多么没底线。

林肯的竞选就发生在那个时候，林肯在1860年竞选总统的时候，整个美国政治生态已经出现了向民主政治倾斜的趋势。用政治家、绅士的思维，可能再也没有办法赢得一次大选了；而林肯的平民身份和他普通人逆袭的漂亮姿态，反而救了他。

这就像后来的很多美国总统竞选一样，比方说小布什和科尔竞选，科尔当时是克林顿的副总统，科尔惜败，败的票数也很少。

后来就有人问一个美国老太太，你为什么选小布什？这家伙又笨，经常话都说不清楚，你为什么选他？科尔多好，形象好，又是大学问家。老太太说，我看见小布什就觉得亲切，我觉得他就是美国随处可见的一个加油站的小伙计，我到处都能见到这样的人。科尔，我就觉得太聪明了，那样的人当总统，我好像有点不放心。

政治家政治和政客政治，在林肯这儿出现了一个分水岭。有一部美国电影叫《林肯》，那个林肯拍着桌子跟阁员们发火，我是美国总统，我有神一样的权力。你能想象林肯是那样的一个弱势总统吗？这其实是一个普通人逆袭之后，当总统其实心里没什么底气的人。对，这才是真实的林肯，他不是一个典型的政治家，他是一个政客。

02

政客和政治家的行为逻辑

传统的政治家和政客有什么区别？在英文中，这是两个词，政治家是Statesman，而政客是Politician。Politician在英文当中有一点点贬义，没有中文中贬义含义那么多，但它也是贬义。林肯在生前讲过一句话，说政客就是独立于人民之外的人。什么意思？就是他们自己没有理想，没有坚定的政治立场，他们只是为了获取最高的政治权力，这是他们终生奋斗的目标。如果大家对这个词理解还不太深，建议去看一看《纸牌屋》，看完你就知道什么叫政客。

当然我们不能说林肯就是那个贬义上的政客，但在当选美国总统的人当中，林肯确实是政客行为逻辑的一个起点。这没有任何贬义。但是你从林肯的很多政治行为当中，你能看出这个特征。政治家，Statesman，我有理想，我有主张，一挥手大家跟我来，我是号召者，是领袖，是那个姿态。但是我们前面讲了，像林肯这样的弱势总统、平民总统，他能这么办吗？那是做不到的，你在林肯的身上恰恰看不到我们影视剧当中表现的那种坚定，那种领袖气概；看到的是一个非常阴柔的人，林肯1.9米的大高个，走路像一个打桩机一样，一步一步走，这样的形象，他却非常柔性。他有句经典名言：我对任何人都不心怀恶意。

现实生活中他也确实是这样做的。在这种政客身上，你会发现他有一个特别有趣的特质，就是他能够随时随地获取周围人对他的帮助的诚意。比方说，1860年的一次总统竞选，要知道在芝加哥共和党大会现场，帮林肯张罗事的是一帮什么人？就是林肯的小伙伴们。若说林肯跟他们有多大的交情，也谈不上，他们就是林肯在伊利诺伊州当律师时的一帮小律师们。要知道，当时美国的律师不像今天，每天能赚很多钱，当时律师职业很苦，没那么多案子，他们有时候不得不成群结队到全州各处去转悠，就是巡回，得到一些案件，获得一些生计。

在这种旅途当中，林肯就跟他们结成了非常好的人际关系。林肯会讲故事，为人也比较幽默，能得这些人的认可。有时候你不得不承认，现实生活中存在这样的一群人，他往那儿一站，就是人群的核心，他提出什么要求，大家就感觉好像没法拒绝。

后来林肯在他的政治生涯中，这种绝技表演过很多回。比方说当时共和党几个大佬，都是为竞选总统做了长年准备，苏鄂德、蔡斯，等等。蔡斯是什么人？他一生就以当总统为目标，他有一个女儿叫蔡斯小姐，当时号称华盛顿第一美人。这个姑娘琴棋书画无一不通，受过良好的教育，终生就一个目标，帮她爹当上美国总统。

这些人都是不好惹的人，林肯不仅在共和党竞选当中把他们打败，然后他干了一件事，也是让当时所有人目瞪口呆。他把所有这些共和党大佬全部延揽到自己的内阁当中，这个故事近年在美国又发生过一次，希拉里·克林顿和奥巴马竞选，然后双方互掐。奥巴马胜出后，邀请希拉里·克林顿来当国务卿。对，这个苏鄂德后来就当了林肯的国务卿，这个蔡斯后来当了林肯的财政部部长。而且林肯因为是两个任期，你不能说这些人就死心了，第二任竞选的时候，这帮人跟他玩心眼，玩到最后都失败了。反而在林肯被刺之后，他们都成了林肯最坚定的伙伴，对林肯的评价极高，甚至林肯被刺之后，这些人都悲痛欲绝。你从这一点上也能看出，这种民选政治家的政治智慧，不是靠理想，有的时候就是靠人缘。

当然，光有人缘就行吗？也不行，有的时候他需要一点苦逼加死磕的精神。这种平民政治家和过去的政治家们，他们表现出来的不同，实际上是他们生存环境的不同。政治家，他有坚定的理想，他本身就是灯塔，就是旗帜，其他人是要看着他、跟着他的。可是政客就不一样，他们出身平民，在权力的网络当中，他们必须要有能力去获得其他人的支持。苦逼加死磕，就必须是他们的精神。

我们这一代人都是这样的，美国有一个平民政治家，就是20世纪的约翰逊，他跟艾森豪威尔区别就很大，艾森豪威尔是盟军总指挥，那是很有威望的。但是约翰逊不一样，约翰逊原来是20多岁的中学教师，到了国会当国会议员，开始给人当秘书，一辈子就是死磕过来的一个人。

约翰逊有几件有趣的事，第一他的精力极其旺盛，有一种小跑叫约翰逊小跑，就是干什么事都一溜小跑，创造的最高业绩是一天演讲22场，这不是一般人的精力能够撑得下来的。林肯也一样，他年轻时演讲，那个时候演讲和后来的美国总统演讲不一样，那真的是要说服一帮人。林肯最长的演讲纪录是九个小时，要面对一帮人。日出千言，其气自伤，你想想他演讲九个小时，是一个多大的体力付出。

我们再说到这个约翰逊，约翰逊有趣的事特别多，比方说他大概22岁那一年，跑到华盛顿去，突然发现自己住的酒店的地下室特别牛。为什么？所有国会议员的秘书都住在那儿，几十个人都住在那儿。那天他就发了疯，洗了五次澡，刷了六次牙，为什么？因为洗澡间和那个刷牙的水房，是最容易进行人际交流的地方。

约翰逊最经典的一个例子是，有一次他突然在国会山逮着一个记者，说找你很久了，你到我办公室来，我跟你聊天。然后又把自己的秘书叫来，写了一个字条给秘书。转身和记者继续聊：我注意你很久了，你的文章非常好，我跟你讲讲我的想法。讲了一会儿，秘书把字条送回来，他看了一眼，把字条搁下，接着又讲了一个半小时，夸这个记者，你写的文章多好，你是一个多么杰出的记者，我的想法是什么。

这个记者叫贝克，后来他打听到，约翰逊这张字条上写的是，你打听一下我正在谈话的这个人是谁。说明约翰逊根本不认识他，但这就是政治家的精神，就是他现在有一个多小时空当，他就不能浪费。约翰逊有一句名言，说无所事事比勤奋地工作还要让人筋疲力尽。他有一个多小时，随手抓一个人来，然后就要说服他，这就是政客。

其实林肯也是这样的一个人，对于林肯的政治观点，其中最有争议性的，就是他到底是不是一个坚定的废奴主义者。在20世纪80年代的中国史学界，关于这个问题还有好多争论，你现在去查找那个时候历史学家写的论文，还有《告诉你一个真实的林肯》《林肯真相》等等文章，都会告诉你林肯说过很多和废奴主义者相反的话。这些话都是林肯亲口说的，都有记录在那儿，句句可考，是赖不掉的。那到底是怎么回事？

03

战战兢兢地跟随在民意身后

我们可以说，林肯是一个废奴主义者，但他是不是像后来所讲的，是那么坚定的废奴主义者，那可不一定，为什么？因为他是个政客。有一个关于林肯的传说，说他有一次到新奥尔良，那儿是密西西比河的入海口，在港口上看到一个美丽的黑人姑娘正在被拍卖，那个场景一下子刺痛了他的慈悲心肠，于是他成了一个坚定的废奴主义者。

这个故事一定是瞎编的，为什么？因为林肯小时候生长在肯塔基州，肯塔基州当时就是美国黑奴输入的一个重要中转站，肯塔基州1/4都是黑奴。而且林肯的老婆家就是蓄奴的，林肯无须到新奥尔良去看到黑奴才受到那样的一个刺激，因为他从小就是在那样一个环境里长大的。

林肯作为一个政客，很多人说他是两面派，确实。比方说1858年他在竞选的时候，在北方的芝加哥，那是废奴主义者的大本营，他就在那儿高喊，要让所有人平等，让宪法中关于所有人平等的那些主张,再一次光辉起来,黑人和我们是一样的。

两个月后,他跑到南方查尔斯顿,那是南方的大本营,他又说:我从来没有主张过黑人和白人也要平等,从来没有主张过黑人也能当选,也能当法官,也能和白人通婚,我从来没有这样讲过。

两场演讲前后不过两个月,都获得了现场的掌声,你说哪句话是他的良心话?谈不上,那这中间有没有一个逻辑把它串起来?有,斯皮尔伯格那部关于林肯的电影中,林肯讲了一句话,我在史料当中没有查到,不知道是编剧写的还是林肯原话。林肯说,我原来当过土地测量员,我手里拿着指南针、罗盘。罗盘会给你指出一个方向,叫正北。可是罗盘永远不会告诉你,在走向正北的道路上,哪里是沼泽,哪里是沙坑。如果在走向正北的过程当中,我们不小心翼翼地避开这些沼泽和沙坑,那又有什么意义?我们是走不到正北的。

对于林肯的评价,历史上有一句话:他小心翼翼地走在人们的前面,人们慢他就慢,人们快他就快。这就是一个典型的政客处理政治观点的态度。林肯在南北战争的时候,接受过一次采访,他说我的终极目标就是为了保住联邦,如果废奴能够保住联邦,我就废奴;如果不废奴,就能保住联邦,我就不废奴;如果废一半能保住联邦,我就废一半。他计较的是这样一个特定的目的,你不能说他心中没有理想,一个民主社会的政客,他又能怎么办?他只有小心翼翼地跟随在民意的后面,然后找到自己发力的独特的时机、角度和分寸。

林肯这个人生活的时代距离我们今天的中国人好像有点遥远，而且废奴这个话题又特别纠结，有太多的维度，我们理解起来不那么容易。更容易理解的一个人是罗斯福，我们都知道他带领美国打赢了二战，奠定了美国世界霸主的地位。他也是一个政客，罗斯福在执政的很长时间里，他博弈的一个问题，就是美国到底要不要坚持孤立主义。

什么叫孤立主义？因为大家知道，美国左边是太平洋，右边是大西洋。全世界打得战火连天，美国人都平安无事。我们在这片平坦、富饶、广袤的土地上，过自己的日子就好了。孤立主义在美国是有传统的，这个传统的根在哪儿？在华盛顿。华盛顿1796年卸任的时候，有一篇告别演说，要知道这篇演说可不是他随口讲的，是他写了一篇文章，登在报纸上的，这是他的政治遗言，或者说遗嘱。后来美国一旦要纪念华盛顿，就是国会山，所有的议员起立，我们朗诵一下华盛顿的告别演说。告别演说里面最核心的一个意思就是提醒后代的美国人，就是说咱们过咱们的，让欧洲人、亚洲人去过他们的，他们打得再狠，我们美国人不掺和。这是华盛顿定下来的一个国策。

杰斐逊有一个漂亮话，他说，俄国人和土耳其人在打，俄国人拉那个牛角，土耳其人拉那个牛尾，我们美国人干什么？我们美国人蹲在牛肚子下挤牛奶，意思是说我们就是经济动物，我们只要富饶，我们只要幸福，我们不管你们那些乱七八糟。作为一个新大陆的人，他有这个心态也很正常。但是到了罗斯福的时候，已经不一样了，美国的国民生产总值已经是世界第一了，尤其是罗斯福基本上和希特勒是同一代人，希特勒在欧洲给当时的民主政治造成的那种威胁，罗斯福是知道的，而且他必须以民主国家的大国领导人的身份去应对这样的世界危机。美国那么大的国家，你是不可能逃避的，这一点罗斯福心里是非常清楚的。

但是，他怎么能够摆脱已经持续了一百多年的美国的孤立主义传统？这就是罗斯福面前的问题。而且罗斯福前面有一任总统威尔逊，死得好难看。1918年，威尔逊因为带领美国打赢第一次世界大战，参战也是他主张的，他去开巴黎和会。就在他去开巴黎和会之前，美国改选，参众两院都变成他的对头上台。他回到美国之后，拿出了一个所谓国际联盟的条约，美国人民根本就不认。虽然最后威尔逊拼了老命，在全国巡回演讲，我们也要参加国际大家庭，我们要参加国际联盟，美国人民不认，就把他否决了。国际联盟这个事是威尔逊提出的，但是最后美国首先不批准。威尔逊临死的时候，说了这样一句话：看来我误判了民意，美国人民的决定是对的，我没有跟上。

威尔逊作为学者，就是我们前面讲的政治家，他有政治理想，他想驱赶美国加入世界大家庭，但是失败了。罗斯福这个人从政治谱系上说，算是威尔逊一派的，但是罗斯福就比较贼。他在1932年竞选总统的时候，就一反常态，拼命告诉大家，我虽然跟威尔逊有点师徒关系，但我可不赞成美国人掺和到欧洲的政治当中，我可是一个孤立主义者。他反复这样讲。当时美国的国际主义者，原来跟他一帮的那些人，说你这小子也是个两面派，怎么翻手为云、覆手为雨？

04

政客要拥有狮子的力量和狐狸的狡猾

　　罗斯福说这没有关系,政治,以获取权利为第一目标。当时美国孤立主义的最大的重镇,在新闻界的就是赫斯特报系,赫斯特后来劝所有人说,你们选罗斯福吧,这人我已经搞定了,现在他已经是一个孤立主义者了。1932年,罗斯福就是以一个两面派的身份进入了白宫。

　　可进了白宫之后怎么办?罗斯福的行为轨迹,第一是放"试探气球"。有一次他在孤立主义很盛行的一个场合演讲,说,现在希特勒搞瘟疫,全世界就好像一场瘟疫。对待瘟疫我们应该怎么办?我们要把它隔离起来。请注意,他既没有说我们美国人要跟希特勒干,也没有说我们掺和欧洲的政治,他说我们要把它隔离起来,他用了这么一个词。这就是美国历史上著名的"疫区演讲",就是要像对付一个瘟疫一样,把疫区隔离。

　　但是即使如此,孤立主义者那帮人也不傻,一听就知道你的弦外之音,马上就开始发动对罗斯福的弹劾。罗斯福一看这个

"试探气球"放出来不对，立马就缩回来，然后从此绝口不提。这个政治家就是这样，他一点一点跟随民意去判断，这个时候是不是合适的时机。而且因为罗斯福当了四任美国总统，很长的时间，这里面他也有过很多反复。比方说他在1940年竞选的时候，欧洲的第二次世界大战已经打起来了，美国这时候没有参战。他的对手共和党人也找了一个人，跟罗斯福竞选，这两个人就比着，看谁更是孤立主义者，两个人都拍胸脯跟美国人民保证，我绝对不会把你们的孩子送上战场。对方就指责罗斯福，对选民说你三月份让他当选，四月份他就开战，双方就这样打。

但是后来等选举尘埃落定，罗斯福已经当选的时候，两个人一翻脸，就又全部变成了国际主义者，又要开始推动美国参战。这个时候的政治运作和原来只有一个所谓的坚定的目标，而且不说谎话，永远说实在话，永远说正确的话的那种政治，已经有了显然的区别。当然，你并不能说罗斯福什么都没有干，他在干，只不过他是用日拱一卒的方法悄悄在干。

比方说1937年，中国抗日战争打起来了，当时在长江上有一艘美国的船，让日本轰炸机给炸掉了，也死了美国人。但是后来很多历史学家分析，说这也是日本人在试探美国人的底线，就是我就搞你一下，看你什么反应。我看你会容忍到哪一步，反正就这么个事儿，你要说误炸也可以，我道歉、赔偿都可以，我就要看你跳到哪一步。

罗斯福知道，那个时候其实不是时机，但是他借用这个事件，要求国会批准了10亿美元，实施了一个重建两洋海军的计划。他是一点一点在为战争做准备。包括在他的政府班子里，把那些孤立主义派的官员一点一点撤换，所谓日拱一卒，一点一点准备。包括他曾经绕过国会，干了很多事情，很多他的反对派都说，你参与世界大战我们没意见，但是你这绕过国会，这事儿可不对。然后罗斯福又找来很多律师帮他论证：我作为总统，为什么有权力这么干。

其实美国总统政治权力扩张，罗斯福是一个里程碑式的人物，他创造了很多先例，就是绕过国会，美国总统直接干一些原来在美国宪法和政治现实当中模糊地带的事情，逐步扩张总统的权力。当然，作为政治家，或者说作为一个民选政治家的政客，他必须还有一点，就是当民意成熟的时候，二话不说，以最敏捷的动作把他要干的事一把拿下，就把它干了。最典型的就是1941年的珍珠港事变，事变一发生，罗斯福立即跑到国会去，发表了一个六分钟的演讲。虽然当时也还有人投反对票，但几乎是以压倒性多数通过了向日本宣战，美国参加第二次世界大战。

民意这个东西，在民主政治下的民意，是一个特别有趣的东西。就在第二次世界大战之前，90%的美国人都说，随他们欧洲打成什么样，我们又没有义务帮助英国人，我们跟英国人曾经还有仇，管他打成什么样。但是，等到了二次大战已经快发生的时候，美国民意就开始出现变化了，很多人都开始说，我们可以帮助一下英国人，虽然说冒着参战的危险不值。

还有一个重要的转折点，就是纳粹德国打败了法国之后，美国民意就开始发生了大规模的逆转；甚至原来有一些绝对的孤立派，这个时候也开始转换立场，说从此孤立主义在美国不存在了，为什么？因为纳粹德国的威胁更大。这是什么意思？就是民意它永远是一个变动的东西，那对待民意，现代的政客们永远是两种态度，一种态度就是丘吉尔式，大家知道丘吉尔那种性格，他原来老是当强硬派，跟纳粹德国不对付。但是英国人民不喜欢他，但他也一直坚持这么说。丘吉尔后来就得意扬扬地说，在战争时期，在乎民意调查是一个最扯淡的事，我不就是一个例子吗？我坚决跟希特勒干，我坚决当强硬派。总有一天等到云开日散，等到我的机会来了，张伯伦倒台，丘吉尔当了英国首相。这叫我在我判断的趋势前方等你，等事情发生到我不得不出山的时候，再去抢得我应该获得的政治地位。

可是罗斯福就不是这样，罗斯福是一点一点跟着政治进程走，跟着民意去判断，现在是不是到时候了。罗斯福讲过一句既心酸又智慧的话，他说干政治最可怕的事情，就是当你往前走的时候，你突然回头一看，后头没人了，这太恐怖了。他就不断地要调整自己的脚步，让他缩回到民意所能容忍的一个范围之内。

这一篇跟大家说了这么多美国总统的故事，其实是想提供给大家一个观察政治的角度。所有政治本质上都是民主政治，因为获取政治的合法性，每一个人的认同，这是所有政治家的任务，管你是独裁者还是皇帝，都有这个任务。就像中国古代皇权那么发达，那也有选举的，只不过那个选举是300年举办一次，美国是4年。那一次选举就会杀得刀山火海、血流成河，王朝崩解，天下重建，要付出巨大代价，民心才能释放一回，呈现一回自己的力量。

中国古代的圣贤们创造了一个词——民心。所有的政治家你都必须判断民心，因为他没有很好的工具去搜集民意，民意又是瞬息万变的。但是民心则是一个较长时间段的政治家对于民意的判断。你不能说皇权政治里面没有民主的成分，对政治家决策的反制作用。

但是在现代社会，刚才叙述的路径其实是告诉大家一个民主政治的变化，在传统的精英政治里面，我们渴望的是一个Statesman，是一个政治家，他有良好的教育，他有高尚的道德，他有坚定的主张，我们跟他走，我们欢呼圣人。但是越到传播发达的现代社会，你会发现民意对于政治的反作用力变得越来越大，政治家们就必然退化成一个政客，他不得不小心翼翼地匍匐到民意后面去。一个好的政客和一个坏的政客区别在哪里？这就说到政治学当中一个经典的概念，叫狮子和狐狸。说这句话的是著名的政治学家马基雅维利，他提出来，狐狸没有狮子的力量，可是狮子又没有狐狸的狡猾，一个政治家就应该兼具这两种本事。

罗斯福后来有一本传记，叫作《罗斯福：狮子和狐狸》。确实，罗斯福就是用狐狸的手段，甚至在别人看来是一种没有底线、不择手段的伎俩，达成他狮子般的目标。好政治家和坏政治家的区别，不在于他是不是道德高尚，政客们不存在道德高尚的问题；只在于他有没有狮子的力量，加上狐狸的狡猾，用狐狸的手段去达成他心中酝酿的、隐藏的，从来不为外界所知的所谓狮子的目标。

庸众的迫害，基于一种廉价而苍白的正义感和道德感，你的活法跟我不一样，就要从谩骂升级到迫害。

我们应该容忍每一个人，按照自己喜欢的方式去生活，按照自己习惯的方式去创新。

第3章

图灵：
被庸众迫害的天才

直到今天，我们判定一个机器是不是具有了人工智能，用的还是图灵当年发明的一套测试的方法，这就是著名的"图灵测试"。图灵哪里仅仅是一个科学家？他是一个大神，因为他是个哲学家。

引言

这一篇我要为大家介绍一位天才——图灵。

有人猜想，苹果公司用被咬了一口的苹果当图标源于图灵。他自杀时用的正是一颗苹果，他先用苹果蘸了一下氰化钾，再咬了一口，苹果公司这样做是为了纪念图灵。

当然这是一个八卦，没有这个事。但是你不觉得如果这个事是真的，我们对苹果公司真的还要高看一眼，它的企业精神和一个人物的灵魂，居然隔着时空连接起来了。再比如，电影《模仿游戏》，其实就改编自《图灵传》这本书，当然为了更加戏剧化，它把这本书改得面目全非。

图灵为什么神？首先他是个学霸，比我们一般人聪明得多。他是剑桥大学有史以来最年轻的讲师，据说剑桥大学当时进行任命时，全校还放了半天假来纪念这个历史性的时刻。我们中国人见惯了学霸，觉得这也没有什么了不起。

但如果我告诉你，图灵这个人一生当中曾经两次改变人类文明的走向，而且是在两个完全不同的领域，用完全不同的手法改变的，我们这些后人是不是要对他脱帽敬礼？

第一点，当然就是他发明了著名的图灵机。我们今天所有的计算机都是在那个原型上发展出来的，今天无论是在键盘上"啪啪啪"，还是在手机上"滑滑滑"，都是在一台图灵机上进行工作。

当然你别误解，图灵机可不是一台已经造出来的机器，它仅仅是一个提出来的理论模型构想。而且图灵提出来时是在1936年，那年他只有24岁。

而且还有一点，这可不是一个什么大规模、高成本、长时间的科研项目的结果，它仅仅是24岁的图灵整天胡思乱想的思绪当中，飘出来的一个片断。何以见得？因为最早完整地提出图灵机那个构想，是在他论文的一则脚注里面，你说这个人是不是一个大神？要不怎么20世纪60年代，美国计算机学会把他们的大奖命名为"图灵奖"？

要知道图灵可是英国人，真正发明计算机的冯·诺依曼是美国人，美国人居然不用冯·诺依曼来命名它，而是用图灵来命名这个奖项，这个奖现在就是计算机界的诺贝尔奖，我们中国人还得过一次，2000年清华大学一个教授得了"图灵奖"。

第二点，就是图灵作为第二次世界大战期间，英国人的首席密码破译专家所做出的贡献。当然他的这段经历直到今天仍然扑朔迷离，因为英国人觉得这是绝密，直到今天大量的档案文件仍然没有解密，历史学家只能透过当时一些信息的一鳞片爪，去判断图灵到底干了些什么。

有些历史学家就做出论断，说图灵以其一人之力，至少让第二次世界大战提前两年结束，他至少救了上千万人的命。当然这种文科教授做出来的计算结果信不信您自己看着办，但是我读完了《图灵传》之后，至少觉得图灵的功劳是怎么评价都不过分的。

01

密码破译——数学家对决的战场

那密码学到底是干吗用的？当然就是破译情报了。两国对战，在现代化的战争条件下，我干什么你完全不知道，而你干什么我就像看着澡盆里的鱼一样清楚，那这个仗还怎么打？希特勒输得一点也不冤。当然不是说第二次世界大战只有图灵这一个原因，但他确实是非常重要的一个因素。

我先简单地给大家讲讲密码发展的几个阶段。

第一个阶段，在西方的文明当中，密码是一个非常简单的东西，就是把字母顺序打乱。比如说最早发明密码的恺撒，他发明的就叫恺撒密码，如果我跟前线的将领要传达信息，那我们约定另外一套字母系统。比如说A在我写的里面，它就变成了K，J就变成了Z，我们俩互相约定好，那我就用约定的那一套密码，用正常的字母来书写，那敌人拿到肯定就看不懂了。

可是这种密码有一个问题，就是它架不住大数据，因为大家知道，任何语言一个字母，在一个单词当中，它出现的频率是可以统计出来的。只要资料足够多,马上就可以知道你是用哪个字母代替了哪个字母,稍微做一点功课,这种密码就能被破译。

但是到第二次世界大战之前,德国人发明了一套密码系统,这真叫成也萧何,败也萧何。这套密码系统是落实在一架机器上的,就是所谓的恩格码机,"恩格码"这个词是音译,原文就是"谜"的意思,又称之为谜机。因为德国人当年造的这种密码机特别多,现在市场上还有人专门收藏。

这个机器有什么好处?大家知道,直到今天我们人类都面对一种两难,就是如果你要更多的安全,对不起,你就必须承担和面对更多的麻烦。就像我们现在电脑系统里、网络上,越是追求安全,设置的密码就要越长,那你用起来肯定就不方便。但是恩格码机或者说谜机,恰恰解决了这个问题,它是又安全,同时又方便,德国人多聪明。

那恩格码机的具体原理是什么?因为太复杂,我只能简单给大家介绍。它同样是用恺撒密码的原理,但是一个字母输进去,它通过一些转盘的转化,每一个字母最后输出来的结果,会有150万亿种可能,德国人就通过一个机器把它做到这么牛。

150万亿是什么概念?就是15后面写18个0。你可以慢慢地试,你可以试着去破译,但是可能一个很大的团队要干几千年,你才能将它破译,它非常安全。

与此同时,它还特别方便,因为那个谜机的形象,有点像打字机,只要你把这封密码文件按照打字机上的键盘输进去,按一个字母，它的屏幕上就有另外一个字母灯亮。只要一个密码抄写员把那个亮的字母给抄下来，就能够还原成平时我们要传达的那个正常的信息。这个操作真的是用一分钟就可以教得会的操作。

德国人在发明这套系统之后觉得特别自信，谜机或者说恩格码机在第二次世界大战中，是德国人普遍运用的一种密码机器。那个时代的密码破译，就是数学家对决的战场，像图灵这样的人就有了用武之地。当然我们顺便说一下，第二次世界大战之后，人类的密码系统其实有一个小小的转向。

比如说这本书的序言是马慧元老师写的，她就讲到，她上大学的时候老师就跟她讲，说现在的密码不能再靠小轨迹了，就是数学轨迹，也就是我的算法你不知道。那万一对方知道了，你这套密码系统不就变得极其脆弱吗？二战之后，人类倾向于用一种什么密码系统？就是膀大腰圆、傻大黑粗。

说白了，我即使把密码告诉你，把破解程序也告诉你，你找来世界上最快的计算机算。你算完了，结果可能是一年后，因为运算量实在太大，而一年后我这套密码已经过期了，这才是最安全的密码。当然现在我看到有人说，随着量子计算机的计算速度进一步提升，这种密码可能也不保险了。那是以后的话了。

总而言之，我们回到二战的时候。德国人觉得自信心爆棚，这套恩格码机是没有人能破解的。当然也有人距离成功只差一步之遥，这就是波兰人。

波兰人为什么要破译密码？因为这个民族在历史上三次被瓜

分，到第二次世界大战之前，他们心知肚明，这边一个德国，那边一个苏联，肯定是要对我下手。什么时候下手，怎么下手，打又打不过，天天就琢磨这双方都在嘀咕点什么，天天就用电台去截获对方的电报，然后试图破译。

波兰还真就搞出了一批密码学家，然后距离破译谜机已经很近了，但是没有最终成功，因为德国人也不断地在换。1939年9月1号，德国人冲过了波兰和德国的边境，发动了第二次世界大战。在8月的时候，波兰人已经把这套系统交给了英国人，英国人对波兰人竖大拇哥，说他们就好像一个骑士在倒下之前，把手里的剑交给了战友。

于是这个球就到了英国人的脚下，你大英帝国不是人才济济吗？你行你上，你能不能破译这套密码？英国人刚开始也是一头雾水，完全找不着北。但是英国人有一个长项，就是在二战期间，体现出一种非常难得的坚持和隐忍，愿意吃苦，投入精力。

他们在伦敦以北100公里的布莱切利公园，设立了一个破译大本营，最多的时候在那儿投入了上万人，坚决要破掉希特勒的密码。每天大量截获德国人的电报，这些电报都是用密码写成的天书，什么时候能将这些电报破译出来？哪怕只是一张纸。没有人知道，大家都在外面等。

这里面当然就包括图灵，图灵脑袋里想什么，当时很多人其实是不知道的，连图灵在那儿干什么，很多守卫也不知道，因为他整天破衣褴褛，一副邋遢的样子，很多人觉得这家伙是间谍吧？在布莱切利公园里经常有人拦住他盘问。其实很少有人知道他们到底在干什么，只知道他们是在做一件很重要的事情。因为数学家脑子里想的东西，直到今天我们都不能用很方便的语言把它说出来，更何况当时的人？

那现在回头看，其实我们已经搞不清楚，哪些是波兰人奠定的基础，哪些是图灵自己搞的创新。但是我们可以清晰地看到两点，就是图灵坚信两种力量。

第一种，就是坚信机器对机器，因为恩格码谜机是一种机器，如果我用人力来对抗你，那就天然落了下风。图灵坚持要制造一个机器，这个机器现在就称为炸弹机，这是《图灵传》这本书的翻译；我还看到另外一种翻译法，叫小甜点。

我们在电影《模仿游戏》里看到过那个机器，就是一面墙那么大，上面全是小圆块，那就是炸弹机。后来英国人就是靠这种机器对机器的方法，生生破译了德国人的密码。

当然，图灵还坚信第二种力量，就是人性的欠缺。因为密码是个数学现象，它是个死的；机器是个物理现象，它也是个死的。如果你要想把它破译，你就得坚信使用机器和数学的这个人是有缺陷的，因为对方德国人也是人，德国人的人格缺陷就是有点死板。

图灵就用到一系列的方法，他发现德国人经常会用密钥，它往往是相邻的两个字母，比如说AB，或者CD，这是德国人的一个习惯。这就缓解了一大部分计算量。

再比如说，他发现德国人发出来的电报，前面经常会有一些固定的语句，譬如说今天是星期几，今天天气如何。更重要的还有一句词，叫"希特勒万岁（Hail Hitler）"，这句词往往就成为他捕捉对方密码的一个很重要的线索。

此外，图灵还会诱使对方发一些固定的信息，然后通过一套数学算法，来判断对方这个密码到底是什么，这当中的原理当然极其杂乱，这里就不赘述。

总而言之，在1941年和1942年期间，图灵居然就把这个谜机给破译了。破译密码的结果就是英国人全都知道希特勒的一举一动，但是英国人的麻烦在于，我虽然全知道还得假装不知道，因为我不能让德国人知道了我破译了密码。

因为德国人并不傻，万一发现最近英国人怎么揍我揍得那么准？是不是密码被破译了？如果德国人意识到这一点，只要在恩格码机上改几个设置，那图灵此前所做的工作可就付诸东流了。如果重算一遍，得花多少时间？这期间又得多死多少人？英国人这时候不得不开始装傻充愣表演。

举个例子说，德国舰队来了，你明明知道它就在这儿，你还真就不能直接派轰炸机去炸，得先派侦察机去，假装偶遇，"发现"你在这里，然后再回去叫轰炸机，这个表演也很辛苦。

其中最危险的一次，是德国的九条油轮的行踪被英国人发现了。德国到后来能源已经很紧张，如果炸掉九条油轮，这对德国的战斗力打击是很大的。英国人心痒，这口大肥肉真想给它吃下来，但是又不敢，这样吧，九条炸它七条，留两条逃生去吧，以便让德国人不猜疑到密码被破译。

但是德国人是挺倒霉，英国人也太阴险，最后这两条油轮逃出生天后，居然又遇到了英国的舰队，被炸沉了。这其实是德国人非常有机会发现密码被破译的一次，但德国人生生就没发现，为什么？因为他们对恩格码机器太自信了，觉得这套东西根本不可能被破译。

后来在二战期间，虽然德国人也升级了这套系统，但是没有彻底地毁掉或者说将恩格码机器弃之不用，给英国人留下了大量的空间。英国人在第二次世界大战期间，从敦刻尔克大撤退一直到诺曼底登陆期间，在欧洲大陆是没有什么作为的。它跟德国人打仗主要是在两个战场，一个是海上，还有一个就是北非。

1941年英国海军打了一个大胜仗，围歼了德国海军引以为豪的那个大战列舰俾斯麦号。1942年，蒙哥马利元帅带领英国的坦克部队，在北非消灭了德国号称沙漠之狐的隆美尔元帅的坦克部队。这两场胜仗的背后，都是因为英国人掌握了德国人的情报。

当然还有一点，就是英国的地理位置是一个海岛，它的很多粮食都得从盟国运输回来，尤其是从美国。可是德国人当时搞出了一个U型潜艇战术，就是群狼战术，动不动就击沉它的商船。英国的物资供应一度紧张到整个英伦三岛的粮食供应只剩下一周，境况非常危险，眼看就要全民饿肚子。但是图灵因为破译了这套密码系统，英国商船的损失就迅速下降了。

我曾经见过本书的译者孙天齐先生，他给我看了一张图，自打图灵破译之后，可以明显看到英国商船的损失下降，下降多少？75%。后来德国人又把恩格码机器升级了，而且立竿见影，这边一升级，英国商船的损失马上就飙升。但紧接着，图灵和他的团队又破解了德国人的新机器，损失又下来了，在这根曲线里看得非常清楚。

战争哪里是我们平常想象的那样，仅仅是战场上士兵和将军的事？这背后有多少数学家和密码学家的努力，他们是实质性地在影响战争的进程。后来丘吉尔讲过一句话，说我们打这场战争，其实是捏着敌人的脉搏在打，他们干什么我们全知道。那这份功劳是属于谁的？当然就是属于伦敦以北100公里的布莱切利公园里面的那些学者们，其中就包括图灵。

但是这帮人可没有享受到战争胜利带来的红利，为什么？不能说。英国人先是打二战，二战一结束就开始跟苏联人死磕，这冷战就开始了。布莱切利公园里面发生了什么事情，一直是国家的机密。

02

图灵机——人类思考过程的复制和再现

　　这就发生了很多悲剧，比如说图灵身边的一个工作人员，他的老师就给他写信，说你年纪轻轻的，看着别的青年人都在为国家抛头颅洒热血，你小子在战争期间躲哪儿去了？把他一顿臭骂。这个人还不能说，百口莫辩。

　　图灵其实也是一样，在1945年战争接近胜利的时候，他身边一个人陪着他在布莱切利公园的树林里散步，就跟他说战争马上胜利了，你这期间的研究成果终于可以大白于天下了。图灵说，你怎么能这么幼稚？这怎么可能。

　　果然，后来丘吉尔下令，说战争期间你们搞的那个破解德国人机器的炸弹机，一共210多台，全部给我销毁，包括设计它的那些图文资料，全部销毁，一点都不能留。为什么？因为英国人一直不想让苏联人知道，英国其实捏着德国人的脉搏。

　　图灵这个人到底在二战期间做了多大的贡献，我们只能看一个大概，未知其究竟。这要是一般人，不得冤死。但是图灵有后手，为什么？他对人类还做了一项贡献，就是发明图灵机。

前面我们已经提到了图灵机，现在我们公认的计算机的发明者是美国科学家冯·诺依曼，但是冯·诺依曼自己都承认，说所有的思想来源都是图灵的，我最多算是计算机的助产士，我是帮它生下来而已。

为什么图灵这么牛？首先我们简单说一下什么是图灵机。图灵机就是想象中有一根无限长的纸带子，上面有一个一个格，有的格是黑色的，有的格是白色的，那黑色就代表1，白色就代表0。

图灵就想象，如果有一根打印头，它既能读取这个格当中的状态，它到底是1还是0，又能进行擦写，那这个格不断地在探头面前移动，我就可以对这个探头的走向进行编程，从而影响计算结果。这说得再详细就没法说了，总而言之，我只要用这种方法给这个探头进行编程，我就可以得出一个计算结果，就是这么一个假想中的机器。

你说这很伟大吗？这当然很伟大。首先，24岁的图灵就已经想到，让人类摆脱自己熟悉的十进制，转而用机器更容易识别和读写的二进制进行机器运算，这本身就需要想象力吧？更何况，图灵的思维境界是超越当时人一筹的。

在他之前，人类已经有了很多机器吧，这些机器也很强大，从最早的蒸汽机到后来的飞机、大炮、汽车，这些机器的本质都是一个，就是人的肢体力量的延伸和替代。只不过是利用了当时的新能源，什么煤炭、电能，这些机器也很强大，它替代人腿能跑得那么快,甚至能飞上天,但是这些机器都是在人的操控下才能够运转的。

可是图灵机的本质就不一样,它可不是人的肢体的简单延伸和替代,它是对人的思考过程的复制和再现。这才是图灵机的野心。人类的思考过程跟图灵机的本质是一样的,都是先输入一个信息,然后进行编程、处理,得出一个结果,再把这个结果输入回来,我们再进行处理,再得出结果。如此循环往复,往前一步一步地进行思考,图灵机要再现的就是这么一个过程。

图灵的野心不仅仅是帮当时的人类卸下沉重的计算担子,用机器来代替计算这么一个浅层的技术目标,他其实思考的一直是一个哲学问题。整个第二次世界大战之后,图灵的那一段生涯都在思考一些什么样的问题?比如说机器可不可能有智能?人是不是就是个机器?蚂蚁如果作为神经元,它们之间互相进行交流,拼接出一个巨大的蚁巢,那这个蚁巢是不是就是个大脑?那如果我用晶体管来替代一个单个的蚂蚁,让晶体管之间也形成神经元之间的互动,我是不是就可以再造一个人类的大脑?那这个大脑如果出来,它会不会是个智能?如果它有智能,它会不会跟人一样,会犯错误?它有没有情绪?会不会沮丧?会不会得意?图灵思考的全是这个问题。这些问题是近些年才在中国内地的科技界兴盛起来,因为现在人工智能的话题很热。其实几十年前的图灵,他的思考的起点就是这些问题。图灵哪里仅仅是什么计算机科学之父,他还是人工智能之父。

直到今天，我们判定一个机器是不是具有了人工智能，用的还是图灵当年发明的一套测试方法，这就是著名的"图灵测试"。图灵哪里仅仅是一个科学家？他之所以是一个大神，是因为他是个哲学家。

03

天才也只是普普通通的码农

刚才我们介绍了那么多事儿,为大家塑造出一个大神级的图灵的形象,人又聪明,功劳又大,我们普通人是望尘莫及。可是如果把他从神坛请回到人间,从日常生活中你再看一眼这家伙,他是个什么德行?这本《图灵传》里面有大量的细节描写。

简单给大家归纳,他就是我们今天在中国很多互联网公司里见到的码农形象,是个典型的理工男。平时不修边幅,有时候跟他说话,你会觉得他神情恍惚,不知道在想什么,他沉浸在自己的世界里面。

图灵二战的时候在哪儿工作?布莱切利公园,那里是国家一级保密单位,那些警察又不是吃素的,一旦看这个人神情恍惚、晃来晃去,想干什么?肯定是个间谍,把他抓了好几回。

而且这个人还有一点神经质,是数学家式的神经质,经常要在心里数数。他有一辆破自行车,破到什么程度?就是每蹬12下,车一定掉链子。一般人肯定就送去修了,图灵不,数学家,一旦掌握这个规律，他就用数学方法来解决。在心里默数12下，就捯一下，确保不掉链子。

后来捯烦了，说这样，我亲手做一个手工的计数器安在这个自行车上，就盯着这数，一旦到12就捯一下，图灵就是这么个人。虽然在日常生活当中，很多朋友都说他很好打交道，但是他缺乏处理自己社会事务的能力，在这方面很低能。

举一个例子，他那个时候非常苦恼一件事，就是花粉过敏。他拼命给领导打报告，说我需要一个防毒面具。领导觉得很为难，首先战争期间物资都很紧张，而且在工作场合，你天天戴着个那么丑的防毒面具，大家怎么跟你一同工作？就不给他。

他居然为了这么一件事，给英国首相丘吉尔写信。后来丘吉尔也真是够意思，居然批示了，说图灵博士需要这防毒面具是事关我国战略成败的大事，你们赶紧办，办完之后还要亲口跟我汇报。这算是领导亲自督办的工程，他才算戴上了这防毒面具。

你脑补一下那个场景，一个人蹬着破自行车，戴着一个防毒面具转来转去，太奇葩了吧。

而且图灵在二战期间还干了一件荒唐事，他并不认为英国一定能够战胜，老担心希特勒要是能打过来怎么办。我替英国政府做这么多事，家产肯定得没收。他就想出一个招，变卖了很多家产，买了两锭大银块。有人就建议他，让他存到英格兰银行，可他不相信，觉得英格兰银行迟早会倒闭，会归希特勒。

那这两锭银子怎么办？他就找了一片树林，埋下了一块银锭。又找了河床旁边的一座桥，把另一块银锭埋在这河床里，而且还做了大量的地图、标记，心想一旦战争结束，我再来挖。

后来战争结束了，英国给炸烂了，一塌糊涂，什么参照物都没有了。图灵就傻眼了，再也找不着这银锭了。这家伙后来居然自己做了一个金属探测器，在树林里、河道里到处找，最后也没找着，非常沮丧。

二战期间图灵还老犯愁，万一我将来没饭吃怎么办？他居然用自己的收入囤了好多箱刮胡刀的刀片，说一旦没饭吃，就卖这个过活。

当然，我们今天谈图灵，前面这些全是小事，我们唯一不能回避的是他的性取向问题，他是一个同性恋。当时人们对于同性恋的观感和今天不一样，当时觉得这就是道德败坏。

无论是在那部电影里，还是在这本书里，关于图灵这个人前半生的同性恋的痕迹，其实很少提及，因为他确实也做得非常隐秘。

但是在1951年的12月，他因为同性恋，终于遇到了命中的克星。这个小男孩19岁，叫莫瑞，是一个无业游民，而且平时还有一点小偷小摸的坏习惯，属于典型的底层青年，但是因为人长得俊俏，图灵就跟他相处了。

处了一段时间之后图灵就发现，你怎么还偷东西？居然一次性从我家偷走了价值50英镑的东西。要说起来，这些东西也不值钱，无非是一件衬衫、一条裤子、一把刮胡刀之类的破玩意儿，但是图灵居然就没忍得下这口气，跑到警察局把莫瑞给告发了。

这一天还挺有纪念意义的，因为就在前一天，是英女王伊丽莎白登基的日子，第二天就发生了这么个事。

警察很负责任地做笔录，你们俩怎么相识，他是怎么偷的你东西？一来二去，居然把图灵是同性恋这件事情给供出来了，而且图灵大言不惭，他不觉得自己是犯罪，国家没有权力干涉我的私生活。这种话你穿越到今天讲可以，在当时，英国法律明文规定，同性恋是犯法，是要判刑坐牢的，但是图灵觉得没事。

那警察能咋办？法律面前人人平等，对不起，把你送到法庭去。英国的知识界，甚至包括美国的知识界都轰动了，都去拯救图灵，宣称他对国家非常有用，不能让他去坐牢，耽误研究。但是法律哪管这些，尤其图灵在法庭上态度又不好，他就觉得我无罪，我就是同性恋，你能拿老爷怎么样？一下子就把法官和陪审团全给激怒了。

他的位置那么高，岁数那么大，对方是一个19岁的小孩，大家自然有那个反应，是你勾引和玩弄人家。而且图灵在法庭上还大包大揽，没有他什么事，都是我，都冲老爷我来。那大家自然要判你刑，最后就顶格给他判了两年徒刑。

当时的英国法律有一个选项，就是如果你不想去坐牢也可以，必须接受治疗。当时人的医学观念，觉得同性恋是一种病，是病就得治疗，但所谓的治疗，就是注射大量的雌激素，其实就是化学阉割了。

图灵觉得可以接受这个方案，愿意接受治疗，不去坐牢。但是如果你问他,为什么会接受如此屈辱的一个方案?图灵的回答很简单,我不能去坐两年的牢,这会让我当下的研究中断。

可是你有没有想到,在长达两年的时间里,不断地往身体里注射雌激素,这会对身体造成什么样的伤害?除了性功能丧失,全身的其他功能也都会紊乱。后来图灵居然发育出了一对乳房,可想而知,在这两年,他从精神到肉体,承受了什么样的苦难。

后来果然就发生了众所周知的那件事情,1954年的6月,有一天他的女管家早上推开他的房门,发现他已经死在了床上,床头搁了一个被咬了一口的苹果,而且化验出了氰化钾。当时人都判断,图灵是自杀身亡,还不到42岁。

04

扑朔迷离的自杀案

关于图灵之死在科技界也有各种各样的说法，就在这本书里，也给我们提供了大量的线索，说图灵其实未必是自杀。比如这本书里就讲，他的办公桌上其实还散乱地扔着一些没有完成的论文，这不像图灵这样性格的人该干的事情。而且办公桌上还有便条，上面写着第二天要干的事情，那他第二天为什么没有来？

还有，在他的信件当中发现，他还答应了一些邀请，要去参加一些聚会，那这又说明他至少在死的前几天，还没有打算死。请问，这又是怎么回事？

而且1954年的6月，图灵的状况已经好转，首先是性功能大概是恢复了，因为大家发现，他那个时候又出现在瑞典的同性恋聚会上。而且他在巴黎还有一段艳遇，又遇到了一个小伙子，还把自己的手表解下来给别人当了信物。说明他又可以快乐地生活，为什么这个时候他会选择死？

而且就在他死之前，曼彻斯特大学刚跟他签了约，跟他续了五年的约，继续当教授，你同性恋这事不算数，我们认可。那为什么选择这个关头死，也是迷雾重重。

当然了，还有一个阴谋论的说法，说二战之后，图灵其实还继续担任英国情报部门高级专家的角色。情报部门用图灵这种级别的专家用顺了手，用别的专家怎么能过瘾？继续用他，完全合理，只不过这一段经历现在完全无法查考。

图灵装着一脑子国家机密，可是他又是个同性恋，经常要跨越国境到国外去寻找性伴侣，而且后来图灵的学术研究已经发生了转向，对什么计算机、人工智能，甚至是生物学感兴趣，对密码学好像已经兴趣不浓了。

情报部门一方面觉得，你已经没有什么用了，一方面又觉得你太危险，万一在国外，苏联间谍把你给搞定，派一个帅小伙来诱惑你，那该怎么办？为了安全起见，是英国情报部门把图灵给杀了，当然这个说法信不信只能由你了。

不管怎么讲，42岁的图灵就这样死了，好可惜。从图灵的故事当中，我们能够得出什么样的结论？你可能会说，那个体制对这样优秀的人才，居然用同性恋这样的理由去迫害。你把这个事想简单了。

图灵的死因有各种各样的说法，但是为什么民间都接受他是自杀而死？因为这个说法的戏剧性张力最强。一个惊才绝艳的天才，做出了那么大的贡献，因为如此荒谬的原因，最后被体制迫害致死。

但问题是，体制是谁？难道要怪一个法官，或者立这个荒谬法条的议员吗？不对，英国是普通法国家（即"英美法系"），判例法的传统。说白了，最后让图灵去坐牢，或者接受化学阉割的，是那些陪审团的普通人，他们可不是手握重权的统治阶级。

我想提出一个新的概念，叫庸众的迫害。什么叫庸众？就是平庸的群众，直白地讲就是这个意思，不用回避，毕竟有大量的人是庸众。

庸众的迫害有两个特点：第一，基于一种廉价而苍白的正义感和道德感；第二，就是他为什么要迫害别人？就是因为你的活法跟我的不一样，或者是跟我想象你应该的活法不一样，我就从谩骂一直可以升级到迫害，让你去死。这就是庸众的迫害。

如今这种现象在我们身边还多吗？多的是。曾经有一个比我年纪小很多的朋友，大学一毕业想留在北京发展。但是他的母亲死活就不答应，最后闹到寻死觅活的程度。最后他没有办法，只好回到老家，接受父母的安排。

这种事情在我们的生活中有很多很多，这就叫庸众的迫害。因为你的想法跟我不一样，你必须按我的来，而我的初衷是为你好，我必须强制你。这种庸众的迫害我们现在还可以观察到很多，比如说天灾人祸之后，很多人就围在有钱人的微博下，逼人捐款，你有钱，你凭什么不捐款？如果别人不捐或者不回应，那你就黑了心肠。一堆人毒汁四溅地在那儿谩骂。

还有，有些明星，比如说出轨，这本身就是他个人情感生活当中的私事，但是看微博上、朋友圈里那些人对他进行的谩骂，这就是迫害，甚至有人因此而自杀。

庸众的迫害它是怎么来的？现在平心静气地讲，我们不仅仅是对这个现象进行抨击，还要寻找它的人类进化学的来源。

我们这一支叫智人，我们之所以比尼安德特人、东亚直立人显得优秀，不是因为我们膀大腰圆、力量大或者是抗寒，可为什么那两支后来都灭绝了，唯独我们智人生存下来了？

有这么一个解释，说我们智人这一支之所以最后能够胜出，是因为我们不仅学会了使用语言，而且学会了把语言派上了一个非常独特的用场，那就是背后说人坏话，八卦，这就是庸众的迫害。

你可千万别以为语言发明的目的是为了交流信息，你想，在原始人那么简单的采猎生活场景下，有多少信息需要交流？比如说河边有一头狮子，这种简单的信息别说人类，就是其他的高级哺乳动物，比如说猴吧，它就会交流这种信息。

而且语言学家研究发现，越是原始的部落和文化，它的语言现象，尤其是语法系统，就越加复杂，比我们当代人使用的语言要复杂得多。那他当时为什么需要这么复杂的一个交流体系？解释就是，他需要背后说人坏话，哪家的婆娘不正经，哪家的小马驹没有长大，谁跟谁又闹矛盾，谁背后还偷人钱，就这些事，渐渐地就起到一种增进协作的效果。

你说这怎么联系起来的？最早的人类的群体往往是一个小的家族，大家都是血缘近亲，十几个人生活在一起，这当然不需要说坏话，因为非常容易互相了解。可是人类这个物种之所以有力量，就是因为他能够不断地扩大协作的圈子，这个物种可不是靠个体的单打独斗能力来生存的，是靠不断地增大协作来获取力量。

从最早的十几个人的小部落，扩展到几十个人的小部落，整个人际关系就要复杂得多。比如说50个人部落，一对一的关系就有一千多个；如果相对三五成群小团伙的关系，那就是一个非常复杂的社会网络系统。怎么把这50个人当中不靠谱的人给识别出来？语言的这种背后说人坏话的能力，就派得上用场了。

说白了，人类从十几个人一直到150个人的时候，我们靠的协作的一个重要工具，就是八卦，就是背后说别人的坏话，就是这种庸众的迫害。你不按我的想法来，你跟我们大伙都不一样，我们用口水淹死你。在那个阶段，这种做法是正当的，是推动人类这个种群向前发展的。

为什么提到150这个数字？这是一个英国的社会学家提出来的，叫"邓巴数字"。意思是说我们进化过程当中，人类智力留下来的带宽，只允许我们认识150个人。如果再多，比如微信通信录里有5000个人，其实没有用，绝大部分人你根本不认识，因为人类这个物种的智力水平就限制在这个数里面，这是大量调查统计最后得出来的结论。

　　那如果人数超过了150人怎么办？我们再靠自己说别人坏话就不管用了，因为人太多，我们也不认识了。在更大的共同体里面，我们就必须委托专业机构来干这件事情。

05

请让庸众停止迫害

现代社会是一个更大的人类共同的协作体，必须出现专业的新闻机构，他们所谓的第四权力、无冕之王，这份光荣是从哪儿来的？就是我们这些庸众把说别人坏话的权利委托给他们，你们替我们来识别这个社会谁不应该跟我们协作，把他们剔除出去。

新闻机构的使命就包括监督官员，监督企业，监督名人，从社会功能上讲，它起到的作用跟原始社会在墙根底下聊天的人们没有什么区别。现代社会的新闻媒体，它可不仅仅是一个产业，它是社会建构的一个必要的板块。

但是我们说完了他们的好话之后，你有没有注意到，整个人类社会发展其实还有另外一个趋势，就是我们对他人其实越来越宽容，他人的私生活的边界越来越清晰，人类整个社会制度是越来越倾向于不干涉他人的私生活。图灵之所以受到迫害，是因为他生活在英国的那个年代。

可是如果你再往前倒一百年，你知道在英国一个同性恋被抓住是什么结果吗？直接是死刑。直到今天，在中东的一些国家还有这样的法律，但世界文明的主流趋势，对同性恋这个现象越来越宽容。

从1861年开始，英国人就废除了同性恋者要判死刑的法律，但是活罪还是难免。从那一天起，一直到1967年的一百多年间，对同性恋行为还是要判刑，只不过比较轻，两年的监禁或者是苦役。一共判了五万多人，其中既包括图灵，还包括那个著名的英伦才子王尔德，他是1895年到1897年，坐了两年的苦役牢。

1967年的时候，英国人觉得这事就是私事，国家管个什么劲？就把同性恋从刑事犯的序列当中拿出来了，交给民间的道德法庭吧。到了2009年，英国首相布朗第一次在公众场合下承认，对不起图灵，当年搞错了。

到了2013年的时候，英女王就正式赦免了图灵，这说明在法律上，是撤销了那个时候的判决，然后对图灵进行致敬；到2015年的时候，美国法律居然允许同性恋的婚姻。这一百多年的历史，是逐步放开的历史。

这似乎跟我们前面讲的那个总趋势是反的，原来我们是要求别人跟我们想的一样，活法也完全一样。可是为什么现在我们渐渐地允许别人按照自己的活法去活？其实从人类的进化史上，我们也可以得到解释。

你可千万别觉得这是什么道德的进步，这恰恰是道德的退步。因为道德生下来就是要干涉和限制他人，而且任何一条道德准则，你把它单拿出来，用逻辑去追问，你会发现它都站不住脚，没有什么道理可讲。

可为什么人类还得有道德？因为它符合人类这个物种生存和繁衍的总利益。人类这个物种之所以区别于其他物种，因为它能结成更大的协作体，以获取力量。那什么东西作为这个协作体的黏合剂？道德就是其中最重要的一种，所有的人按照大致类似的方式去生活和行动，每一个人都按照他人期待的方式去行动。那这个时候我们就更容易结成协作体，以获取力量。

可是在人类文明的深处，还有另外一种力量在成长，那就是个体创造力的力量。而且越到现代社会，这个力量就越加醒目。你想想看，如果没有牛顿，没有达尔文，没有爱因斯坦这样的人，那力学的定理、进化论和相对论，就没准儿猴年马月才出得来。在这些历史的瞬间，一颗大脑的作用，其实超过了人类所有大脑作用的总和，越到现代社会，这个现象就越明显。

而且借助像互联网这样的工具，一个人的创造力就更容易扩散为全人类的福祉。人类在进化的过程当中，渐渐就衍生出了一种机制，就是我们要不要去干涉这些人的创造力？我们让他自行其是好了，只要他不去祸害他人，我们就让他自由地在那儿涌现他们的创造力。

在图灵故事当中，其实还有几个人物，比如说美国人冯·诺依曼，这是什么人？一个匈牙利人，他父亲是犹太银行家。在欧洲，这也是过街老鼠人人喊打的一类族群。

后来他们家整体移民到了美国,在普林斯顿大学,冯·诺依曼还是一副贵公子的派头,据说每年都要换一部凯迪拉克,家里是奢华得不得了,经常请同事到他们家去喝红酒。冯·诺依曼还是整个美国科学界的社交核心,是一个非常张扬嘚瑟的人。

我再给大家举一个例子,图灵还有一位老师,著名哲学家维特根斯坦,维特根斯坦当年在剑桥大学那是神一样的人物,完全不遵守学校的各项规章制度,什么我上课还得去教室,没有那个事,学生得上我家来,而且我家不提供座位,你们都得自带小板凳,没有小板凳的就坐地上。

维特根斯坦这家伙上课,跟学生就是抬杠,旁边还得有人记录,其中抬得最凶的就是这位图灵。这些教授都有各种各样的缺陷,当时社会怎么能够容忍得了他们?那种容忍几乎到了没有边的程度。比如说冯·诺依曼和维特根斯坦这两个人的博士论文答辩都很有意思。

冯·诺依曼是在瑞士搞的,当时几个老师都觉得你学问太大,我们也问不出问题。后来有一个教授哆哆嗦嗦问出一个问题,说你这身西装不错,这裁缝是谁?就问了这么一个问题。

维特根斯坦的博士论文答辩会就更过分,当时是著名哲学家罗素在主持,说你写的东西其实我们也看不太懂。维特根斯坦就上去,拍拍几个导师的肩,说对呀,我写的东西你们一辈子也看不懂。论文答辩就通过了。这种事情在今天,你能想象吗?

但是如果对这样的人没有容忍,那就没有他们的创造力的涌现。这些人还真不是说你知道他的才能，你把他搁在那儿，让他去创造，我们忍了你，还真就不是这样。冯·诺依曼，他最主要的学术研究成果其实是在数学上，所谓搞计算机仅仅是他的一个副产品。

我们再看图灵，因为我们对他不加以容忍，他晚年的很多成果就出不来。说来是晚年，其实图灵死的时候还不满42岁，此后他能搞出什么来，其实我们也不知道。我们现在知道的是，图灵在后期，他的学术方向已经转到了生物学上，因为他对人工智能感兴趣。

如果假以时日，你怎么知道42岁之后的图灵不能在人工智能领域产生重要的突破？现在时间已经过去60年了，人类在这个领域仍然是举步维艰，也许我们就是缺的图灵在42岁之后某一个瞬间写下的片言只语，给我们今天的人的启发。但是这个片言只语是什么？人类永远没有那个福分知道了，因为它已经被断送掉了，断送在庸众迫害的手中。

我们再回到今天，庸众的迫害真的是无处不在，因为别人的生活观念、行为方式我们看不惯，就要扑上去漫骂，真是戾气满天。《图灵传》这本书的作者霍奇斯，自己也是一个同性恋者。他在英女王赦免了图灵之后，讲了一句话，说不能因为图灵做出了伟大的贡献，才赦免他，那我们这些普通的同性恋者要不要得到社会、法律和道德的赦免？

如果我来回答这个问题，当然要，这不是因为我宽容，而是因为我懂得一个道理，每一个人都是独特的，每一个人的创造力都是无可估量的。越往未来看，就越是如此。

我们现在就应该容忍每一个他人，按照自己喜欢的方式去生活，按照自己习惯的方式去创新，只要不侵夺我的利益，我完全可以袖手旁观好吧？我为什么要用一种庸众的情绪和道德感，来迫害别人？万一他的创造成功了，那受惠的是包括我在内的所有人，我们何乐而不为？

我们这些生活在现代社会的人，其实面对一个总的挑战，就是我们的大脑和我们的思维、行为习惯，都是在几百万年前养成的，那是原始社会、采猎时代。短短的人类文明发展史，还不足以让我们的大脑发生实质性的进化。

而现在，我们带着这个大脑来到了现代文明社会，我们能不能够克服自己的本能，来适应这个全新的时代？在原始社会，我们是靠背后说他人坏话来推动这个族群的进步。但是现在，我们可能需要闭嘴，来推动这个族群的进步。

过去我们通过舆论了解世界，现在舆论在情绪的扭曲下，恰恰需要警惕。

要用批判性思考的方式，来跳出自己的思维圈子，来了解真实的世界。

第4章

麦克阿瑟:
被遮蔽的"网红"将军

麦克阿瑟这一生最顶峰的时代,不是他打赢第二次世界大战,而是改造日本成功,直到今天,美国政界也是以此为荣,在战后成功地对日本进行了民主化改造,要知道这件事真的是前无古人,后无来者。

引言

2016年,"网红"这个词特别火。这是什么意思?徐小平老师曾给它下过一个定义,就是不需要传统的机构、权威对他进行认证和赋权,他是一种通过网络直接自我赋权的新权威形式,或者说影响力的来源。

网红多了之后,自然就出现两个问题。第一个问题,我长得也不差,我怎么才能红?第二个问题,是很多人站在旁边质疑,说这玩意儿不就像流星或者烟花一样,会迅速地从天空中滑落吗?你怎么能红得久?这两个问题其实我也没有答案。我怎么能更红,怎么能红得久,我自己都不知道。

但我在看书的时候,突然想起了一个都快被忘掉的美国人,那就是第二次世界大战和朝鲜战争期间的美国将军麦克阿瑟。我们先看看麦克阿瑟的故事,再来回看"怎么才能红,怎么才能红得久"这两个问题。

01

表演型人格

麦克阿瑟这个人在老一代人的心目中，形象其实不是很好。为什么？因为1950年，他吹过一句牛。1950年11月，中国的志愿军跨过鸭绿江，抗美援朝。对面就是麦克阿瑟，时任联合国军总指挥。他当时就说了一句话"这场仗，我打，两个星期就能结束战斗，12月底我们所有士兵都要回美国过圣诞节。"这个牛皮吹炸了，事实上朝鲜战争一直打到了1953年的7月，才在朝鲜的板门店签了和平协议。麦克阿瑟在很多人的心目中就是这么一个无耻的狂徒。

麦克阿瑟的一生其实贯穿了美国20世纪上半叶的历史，他参加了很多重大历史事件。比如说第一次世界大战，他就已经在欧洲战场上，后来他当上了美国陆军的总参谋长。第二次世界大战，他是盟军在西南太平洋上的总指挥，著名的跳岛战术就是他发明的。战后又去改造日本，有一本著名的书叫《天皇的皇上五颗星》。什么意思？就是指战后日本天皇上头还有一个皇上，美国的五星上将麦克阿瑟。后来朝鲜战争前半段他又是总指挥,这个人对美国历史的影响非常深。

他跟中国的缘分,除了抗美援朝之外,其实他年轻的时候也来过中国,1905年他25岁,作为他父亲老麦克阿瑟将军的副官,受美国政府委托到日本去当军事观察员。那个时候能观察什么?1905年,日俄战争是在中国领土上打的,这父子俩是站在日本那一头到过中国的东北沈阳。

为什么我们今天说麦克阿瑟是个网红?我们首先看,他的本钱实在是太好了,首先是将门虎子,他父亲是美国的将军,曾经当过美国驻菲律宾的军事总督。他自己又特别争气,在西点军校创下纪录,四个学年,年年第一名,到今天为止这个纪录也没被人打破过。他的军旅生涯,更创造了很多项第一,最年轻的准将、最年轻的陆军总参谋长……他还是美国军队获得勋章最多的人,而且身体还特别好。

麦克阿瑟在战场上有一个很著名的标志——勇敢。这勇敢到了已经非常夸张的程度,他拒绝一切防护措施。钢盔、防毒面具,那是根本不会戴的。美国陆军当中最著名的二愣子是巴顿将军。可是巴顿将军有一次写信回家,说我佩服这家伙,太勇敢了。有一次他们两人同时出现在第一次世界大战的战场上,炮打过来,麦克阿瑟不戴钢盔,就在那儿站着。巴顿说,我也不能认输,也跟着在旁边站着。麦克阿瑟就看了他一眼。正好这个时候一个炮弹飞来,在身边不远处爆炸,热浪掀过来,麦克阿瑟不为所动，站得笔管条直，而巴顿往后面退了一步。后来麦克阿瑟就跟巴顿说，嘿，能炸死我的炮弹，现在还没有生产出来。

凑齐了这些条件，才有当网红的资本。

不过想当一个网红，可能还得有另外一项天分，就是得会表演。麦克阿瑟简直是天生的表演型人格。后来的美国总统杜鲁门见到他的第一面就说，这个家伙怎么从头到尾都是在表演。著名的马歇尔将军也这么评价他，说麦克阿瑟这个人脱下军装，换上西服，就是个影帝。

我们现在在互联网上搜索麦克阿瑟的图片，你会发现他有一项惊人的能力，会管理自己在公众场合下的形象，照片都有惊人的一致性。他穿个皮夹克，嘴里叼一根玉米芯的烟斗。这是什么？就是把一根玉米棒上的玉米粒剥掉，中间钻一个孔，烤焦，在里面插上烟嘴，可以当烟斗用。这种烟斗说实话，就是民间的土办法，但是很别致。

我看过一些材料，说麦克阿瑟这个人其实烟瘾不大，他私下里也不抽这种烟斗，但是只要在公开场合露面，马上就抽玉米芯烟斗。

而且他戴的那个军帽也很特殊，麦克阿瑟的身高正好是1.8米，在美国人当中不算特别高。但是他帽子特别高，而且帽子弄得花里胡哨，杜鲁门第一次见到这个帽子，说这简直就像鸡蛋和香肠给弄烂了，糊在这个帽子上一样。

这个帽子是怎么回事？它其实不是美军的军帽，它是菲律宾的元帅帽。因为麦克阿瑟兼任菲律宾元帅，菲律宾人给他定制了这么一顶帽子。你要是到过菲律宾就会知道，它街头上的汽车都是漆得花里胡哨，这是那个民族一贯的审美风格。麦克阿瑟一生都顶着那顶帽子。

麦克阿瑟不仅会管理自己的形象，而且他知道这个形象在什么时候让新闻记者拍到对他最有利。最典型的一个场景，就是1944年他率军打回菲律宾的时候。因为当年他是菲律宾的统帅，后来让日本人撵到澳大利亚去了，1944年反攻成功。在登陆的时候，你坐船登陆就完了呗，不，快到岸的时候，停，停，他自己从船上下来，跳到海水里，涉水登岸。新闻记者在岸上一通狂拍，他上岸之后只说了一句话，我曾经说过我会回来的。这跟灰太狼的台词差不多。

但是你要知道这段话和这段镜头，当时拍了好多遍，这遍不行，再走一遍，记者也跟着他下海，再拍。果然这个照片就登满了美国报纸的头版头条。

今天我们讲制造一个网红的所有手段，比如说标准的形象、独特的造型、公众的记忆点，所有这些东西人家麦克阿瑟当年都是无师自通，就像今天很多人为发朋友圈专门去做一件事。麦克阿瑟精心设计的那些场景、那些照片，算是刷遍了那个时代的朋友圈。你说这个人是不是天生就是个网红？

那他红成了什么样？我们来举一个例子，1951年4月11日，杜鲁门总统罢免了麦克阿瑟，把他征召回国。这是很正常的人事任命，因为杜鲁门是总统，在美国军队当中是三军统帅，撤你一个将军的职，合理合法。在朝鲜战场上，麦克阿瑟已经变成了败军之将，被中国人赶过了三八线。很多人也都知道，你们两个人在很多大政方针上意见也不一致，撤你的职是一个特别正常的安排。但是舆论可不这么看，很多美国老百姓觉得，麦克阿瑟是我们美国人的民族英雄，而你杜鲁门算什么，要不是当年罗斯福提拔你当副总统，而且他老人家走得早，哪有你当美国总统的份儿。当时有一个民调，麦克阿瑟的支持率居然飙升到了69%，而杜鲁门贵为总统，支持率居然只有26%，每天大量的信函、电报涌向白宫，都是痛骂。

我在《光荣与梦想》这套书里还看到了一个小细节。当时杜鲁门总统的国务卿叫艾奇逊，艾奇逊有一次在街上打车，上车之后，司机反问他是艾奇逊吧？嗯，我是。司机不吱声也不开车。艾奇逊说，是不是我名声不好，我该下车了？司机说，对，你该下车了。大街上连司机都不拉他，可见这届政府，真是名誉扫地。

可是反过来再来看麦克阿瑟，风光一时，他离开日本东京的时候，25万人送行，老百姓是哭成一片，这在世界历史上也算是一个奇观。一个占领军的司令官，已经把日本阉割了，从此你不能有军队，这样的一个人，日本老百姓却对他非常感激。

麦克阿瑟坐船回到美国，第一站是在旧金山。下了船之后，到自己的旅馆的这14英里走了两个小时，老百姓夹道欢迎。到了华盛顿，30万人迎接，后来到了纽约，据说当时为迎接他抛撒的纸屑就将近3000吨。这是什么概念？几个月前，艾森豪威尔回国的时候，抛撒的纸屑据《光荣与梦想》判断，大概只有这次的四分之一。几十万老百姓上街迎接。还有工人罢工、学校停课，人们在游行的队伍中泣不成声。据说当时还有18个人因为过于激动而被送到了医院。你说老百姓，一方面爱，一方面恨的情绪已经快被点燃。

到了4月19日，麦克阿瑟在美国国会进行了一场在历史上非常著名的演讲，这次演讲留下了一个金句，叫"老兵不死，他们只是凋零"。

这段演讲一共36分钟，被掌声、欢呼打断30次，基本上一分钟就被打断一次。当时有一个议员在底下看着直冒冷汗，说得亏只有36分钟，如果再长一点，老百姓的情绪若被点燃，那白宫门前肯定会出现示威游行。因为这场演讲是直播的，有3000万美国人观看，整个美国的政局届时到什么程度可就不知道了。

这不就是个网红吗？但是话又说回来，你既然那么能干、那么红，那为什么在朝鲜战场上打败仗，还把自己的顶头上司给得罪了，最后乌纱帽都没了，这总得有个解释吧？你不是一贯正确、一贯伟大吗？这一跤你是怎么跌的，下面我们来详细解释。

02

朝鲜战争昏招连出

  过去我看有人评价是麦克阿瑟性格不好，过于张狂、虚荣、目无尊长，杜鲁门出于自尊心受不了才撤了他的职，这肯定是胡扯，为什么？因为杜鲁门是一个政客，他心里很清楚，麦克阿瑟形象光辉伟大，干什么要得罪网红？你干得好，功劳全部记在他总统的账上。

  我们举个例子，1950年的时候，双方见了一次面，因为当时朝鲜战争已经开打了，总统和前线的将军总得商量一下怎么打。见面的地点是今天夏威夷附近的威克岛，在太平洋的中部。看看地图，麦克阿瑟从东京起飞到威克岛是4000英里，而杜鲁门贵为总统从华盛顿万里迢迢赶过去，是14000英里，这说明什么？移樽就教，礼贤下士，我多跑路，你少跑路，我来听你的意见，这个姿态摆得很好了。

  下了飞机之后，按说这两个人见面，你是将军，他是总统、三军统帅，行个军礼总是可以的吧？这也是规矩，不，麦克阿瑟就是轻轻地扶了一下杜鲁门的胳膊，就算是敬过礼了。然后两个人坐下来会谈的时候，杜鲁门像个小学生一样，摊开笔记本在那儿做笔记，麦克阿瑟一个人在那儿讲他的战略、战术。

杜鲁门对他第一印象就特别不好，但是绝不意味着双方就要翻脸，作为政客杜鲁门这一点心胸还是有的。双方为什么闹到了最后那个地步？是因为麦克阿瑟不断地突破杜鲁门，甚至是整个美国政治的底线。

这个过程大概是三个阶段：

第一个阶段，是朝鲜战争刚刚开始打的时候。麦克阿瑟觉得我是战场指挥官，你们必须给我更多的兵，这一场仗是必胜。但是杜鲁门手里没有兵，第二次世界大战之后美军大量复员，剩下来的军事主力主要是放在欧洲和苏联对峙，剩下的一些杂牌军基本都投放到了朝鲜战场，但是麦克阿瑟觉得不够，找你白宫要你又不给，那怎么办？老爷子我自己想办法，他想到了逃到台湾的蒋介石。1950年7月底，他跟谁都没打招呼，就飞到台湾跟蒋介石和宋美龄见了一面，寻求互相协助。杜鲁门第二天在报纸上看到这个新闻，大惊失色，因为外交权是总统的权力，你一个军人搞什么外交？引发国际上的其他震荡，你根本就控制不住，杜鲁门非常生气。

到了1950年8月24日，麦克阿瑟又在一次演讲中，话里话外抨击杜鲁门的政策，说他胆小，在亚洲缩手缩脚。麦克阿瑟作为一个下级，军人的天职是什么？服从命令，他不仅不服从，还抨击上级的政策，面对公众开讲，这网红当得有点过界了。杜鲁门就非常不客气地给他下了一个命令，说你这次讲话必须给我收回，这是一个军事命令。还在私下给他写了一封信，说你不能这么干，这是底线，你不要跨过来。

第二个阶段，是在1951年初。当时中国人出手了，把美国人迅速地赶到了三八线以南，美国吃了一个大亏。这个时候杜鲁门身边的人都知道，美国不可以在亚洲陷得太深，他们主张在军事上要保守一点，在政治上积极谋求解决。但是前线的麦克阿瑟不干，他一辈子没吃过这么大的亏，原来被日本人打败过，那就一定要打过去，一定要打到占领日本为止，他觉得对中国这仇一定要报。麦克阿瑟四处在喊一定要轰炸中国，轰炸范围不能止步于鸭绿江，甚至要轰炸中国所有的沿海城市，他还提出来要在中国投放20颗以上的原子弹。这得多大仇多大怨，当年打日本也就2颗原子弹，竟然要给中国扔20颗以上。

在华盛顿这帮人看来，就是前后方的意见高度不一致。在国防部的一次会议上，据说开完之后没有拿出任何方案，因为所有与会者都知道，你拿出任何可行的方案，尤其是符合杜鲁门设计的方案，麦克阿瑟都不会执行，事实上这个时候麦克阿瑟已经指挥不动了。据说李奇微将军听完这件事儿后，感叹一个将军指挥不动了，难道不应该撤职吗？这是第二阶段。

第三阶段，就是李奇微带领美军又开始跟中国人死磕，双方隔着三八线开始对峙，局面向着有利于美国那边开始缓和。这就是政治谈判最好的时机，这时候杜鲁门已经开始准备政治谈判了，但是麦克阿瑟还是不干，一定要打过去。他在1951年3月24日，在杜鲁门准备谈判的时候，跑到朝鲜发表了一通演讲。首先是把中国骂了一通，再把中国贬得一无是处，说你们等着，我要马上扩大战争，你们国家马上就要崩溃了，等等。

这在中国人耳朵里，不就是最后通牒吗？这不就代表你美国的态度吗？我们怎么知道杜鲁门在华盛顿是马上准备要发表一个和平宣言，要呼吁停火。因为在杜鲁门看来这场战争打不赢，打赢了也没什么意思，为什么还要接着往下打？正好我打你一下，你再打我一下，现在我回过头去，我们俩正好对峙，不正好坐下来谈判吗？可是所有的这些政治运作，因为这通演讲只好停下来。杜鲁门当时非常生气，说我恨不得把这个家伙一脚踢到太平洋里去。

但是我们得说，这个时候已经不是个人恩怨问题、谁的面子问题，这已经触及了美国政治的真正底线——军人不能干政，尤其不能用这种方式直接对抗你的长官。即使是为了这个政治制度本身的严肃性，撤你的职也是应该的。

后来就发生了前面讲的事情，1951年4月11日，杜鲁门总统召开新闻发布会。这个新闻发布会是在夜里1点开的，为什么？因为杜鲁门害怕麦克阿瑟事先得到消息，主动辞职，政府脸上就会特别难看，临时决定夜里开新闻发布会，华盛顿的政治记者睡眼惺忪赶到了白宫，听到了这个爆炸性消息。后面的事儿我们都知道，造成了一场舆论上的轩然大波。

看到这儿，你不觉得这个人特别奇怪吗？他年轻的时候是那样英明神武，在战场上也做出了很多成绩，可是为什么在他70岁那年就犯了这样的糊涂？

我们中国人似乎更容易接受一种叙事，一个大英雄年轻的时候是不错的，但是老了、骄傲了、自大了或者说昏聩了，就办出很多坏事儿，但是我从来不相信这个。一个人无论是成还是败，他背后一定是一个道理，麦克阿瑟身上我们需要再建构一套解释，为什么他年轻的时候英明神勇，却在朝鲜战场上表现得如此糊涂？

03

只看得到一件大事

现代英国思想家以赛亚·伯林写过一篇长文,叫《狐狸与刺猬》,这是脱胎于古希腊的一句谚语,狐狸知道很多事,而刺猬只知道一件大事,狐狸打猎巧计百出,但是刺猬在逃避自己天敌的时候,只知道一件大事,我得卷起来,把所有的刺儿支开,别人就奈何不了我。以赛亚·伯林写这篇文章时实际上是把人类的思想家分成这两类,狐狸型和刺猬型。

所谓刺猬型,他是一元论价值观,他知道这个世界上有一个他应该反复阐释和思考的真理,谁是这种人?但丁,他写的《神曲》这个文学作品,读完之后用一句话能概括,"好人上天堂,坏人下地狱",他一生就在阐释这么一个道理。哲学家黑格尔也是这样的人。

什么是狐狸型的思想家?他知道很多事,但对很多事也未必有一个确定性的判断,真要去研究他的作品,你会发现很多东西好像还自相矛盾,这是多元论的价值观。比如说莎士比亚是大文豪、大思想家,可是你总结得出莎士比亚一生坚持什么样的价值观吗?好像什么都有,但什么都不确定,再比如德国大文豪歌德也是这样,这就叫狐狸型的思想家。

我们现在讲的不是思想,而是一个实践者,他应该是一个狐狸还是一个刺猬?看到这你就明白了,麦克阿瑟就是一只典型的刺猬。他这一生无论是成是败,本质上就是因为他只打一张牌,而且打得特别好。麦克阿瑟这一生其实最顶峰的时代,不是他打赢第二次世界大战,而是改造日本成功,直到今天,美国政界也是以此为荣,在战后成功地对日本进行了民主化改造,要知道这件事真的是前无古人,后无来者。当年的德国不算,德国是打完了最后一枪一弹倒在地下,被盟军按着头进行了改造。战后美国打赢的仗是不少,可是意大利、阿富汗、利比亚,有哪个地方被成功地改造了?直到今天都是烂摊子,唯独日本变成了一个现代化国家。这活儿谁干的?麦克阿瑟干的,干得漂亮。

回到1945年那个特定的历史场景,就知道这件事其实很难,因为当年的日本在宣布投降的时候,武装力量都还在,几百万士兵、几百艘战舰、上万架飞机,虽然可能没油了,飞不动,但日本人毕竟早就开始准备本土决战,当时他们提了一个口号叫"全民玉碎",指的就是跟美国人要拼到最后一个日本人倒下。在太平洋战场上日本人善战的精神,美国人是领教过的,几乎就抓不到俘虏。日本人光说自己投降,万一是一个坑?骗我的占领军过去,最好还有麦克阿瑟这样的高级将领过去,再给我来个"包饺子"歼灭战，鼓舞士气，以利再战，那可怎么整？就算这不是一个阴谋，如果日本人那种反抗的精神非常狂野，民间出现游击队，夜里给你摸个哨这种事儿，占领军也受不了。当时麦克阿瑟带着4000占领军去日本的时候，其实是抱着必死的信念，后来丘吉尔就在他后面给他点赞，说这是人类历史上最伟大的冒险行动，麦克阿瑟身边的人也观察到，这个人平时连钢盔都不戴，更别说带枪了，这次去日本身上装了一把枪，干吗用的？就是关键时刻准备自我了断的，他都没打算回来。

刚到日本的第一天，麦克阿瑟就发现这个国家真的是要完了，为什么？在他入住的大饭店里吃晚饭，居然连一颗鸡蛋都找不到。麦克阿瑟就知道了，要想制服日本人第一件事就是给他们吃的，他大规模从美国境内调粮食到日本，这就像你进一个陌生的村，村里全是饿狗，你唯一能做的事情就是带一袋肉包子。紧接着麦克阿瑟就找到了手里的那张大牌——日本天皇，要不怎么说麦克阿瑟是个刺猬？刺猬的本事就是知道那张大牌。麦克阿瑟的观察是，日本这个民族太奇葩了，天皇说要打仗全民就跟疯了一样地打；天皇说不打了，全民就跟机器人被拔了电门一样，真的就不打了。在整个日本的占领期间，居然没有发生过一次反抗性事件，你可以想象一下我们中国，抗日战争的时候就算中央政府蒋介石投了降，我们老百姓会干吗？肯定是遍地游击队，反观日本民族太听话了。麦克阿瑟讲过一个笑话，如果我给一个日本人医药盒，让他一天吃三次药，他肯定不信我，出门就得给扔了；可是只要我在药盒上印上几个字，说天皇让你一天吃三次药，你放心，他肯定乖乖地吃，天皇是控制日本的一张关键大牌。

我们经常讲，当年二战结束怎么就不追究日本天皇的战争责任？回到1945年，回到麦克阿瑟的处境，你知道那是不能动的底线，天皇就像一根线，把这7000多万人穿起来，如果这根线一剪断，真的是满地爬珠子。当年美国国内也有人这么提议，把天皇押上军事法庭处决，麦克阿瑟说少来这一套，如果要动天皇，你得给我多派100万占领军，因为一个天皇顶20个师团，这是麦克阿瑟非常清醒的认知。他刚到东京的时候，很多人给他出主意，来了还不抖抖威风，把天皇叫来训训话，麦克阿瑟说使不得，天皇不能侮辱，你会激怒日本人，后面发生什么事就不知道了，得等天皇主动来找咱们。后来日本天皇给他打了个电话，我们俩是不是应该见见面？天皇主动来见麦克阿瑟，麦克阿瑟对他很客气，一见面还递了根烟，天皇激动地站起来哆哆嗦嗦接了这根烟。因为天皇也不知道自己的命运，要不要被押上军事法庭，后来麦克阿瑟发现这家伙也太紧张了，说你们都撤，只留下一个翻译跟他好好聊天。

后来聊着聊着，这两个人关系还真是处得不错，麦克阿瑟手里握住了天皇这张牌，其实就是攥住了日本的所有命脉。比如，后来改造日本宪法，这事容易吗？不容易，日本人各种反抗，麦克阿瑟说你们起草宪法我看都不行，从美国国内调了几个年轻人，说你们就按照我的意思写。现在的日本宪法就是几个美国的年轻律师起草的。麦克阿瑟拿来一看，改了一个拼写错误，就直接扔给日本人，你们就用这套宪法吧。日本人一看，第一，天皇变成了一个虚军职，天皇没有实权；第二，剥夺了日本以后再发起战争的权力，拔掉了它的爪牙。当时日本人不干，各种反驳，麦克阿瑟就一句话，说我要保住天皇，说服苏联人接受天皇还在位，你就得接受这套宪法，否则天皇我保不住。日本人当下就被说服。

现在我们再看那四五年的时间，麦克阿瑟改造日本，他看似做了很多精密的安排，其实最终有效的就一招棋，把天皇当作人质扣在手里，逼日本人各种就范。麦克阿瑟有政治智慧吗？可能也有，但是这个政治智慧背后最坚强的后盾就是手里这一张牌。1951年麦克阿瑟离开日本，到底是天皇救了麦克阿瑟还是麦克阿瑟救了天皇，这件事还真不好说。但是从这件事情里我们看出麦克阿瑟处理事情的一个特点，就是握住那一张大牌。一张什么牌？就是麦克阿瑟认死理，在打仗这件事情上美国是一定要赢，因为一直在赢，而中国是肯定不行，他多次跟人讲，中国这样的国家连工业化都没有完成，它用什么跟美国打？麦克阿瑟一直就认为中国不会出兵，后来中国参战了，他又觉得只要我美国再多加一份力量，比如说轰炸一下中国的沿海城市，这个国家就一定会崩溃。你说麦克阿瑟想错了吗？这就是当时明摆着的事实，打仗打的就是国家实力，这两个国家实力相差如此悬殊，答案还有什么悬念？在麦克阿瑟看来，杜鲁门疯了吗？为什么要跟中国搞政治谈判？他私下讲过一句话，说杜鲁门之所以做出这样的决定,是因为他精神已经濒临崩溃,要不然他不会这么干的。

这就是刺猬的问题,刺猬确实知道一件大事,你也不能说他知道的这件事就错了,但是他缺乏狐狸的视野,狐狸知道很多件事——刺猬完全不知道。他跟杜鲁门之间的矛盾,本质上就是一个刺猬型人格和狐狸型人格之间的矛盾,至于麦克阿瑟个性上的缺陷仅仅是推波助澜而已。

麦克阿瑟有什么东西他没看到?至少有两层关系他没看到。

麦克阿瑟没有看清楚的第一层关系,中国到底是一个什么样的国家。他以为扩大朝鲜战争,把中国卷进来,我也一样能打得赢,可是美国图什么,你本来只是要打赢朝鲜战争,这就好比我们开个窗户发现打不开,难道要把屋顶给掀了吗?打仗总得有个为什么吧?如果跟中国全面开战,你真的有把握打得赢吗?请问美国这个血流到什么时候为止?麦克阿瑟作为军人,考虑的仅仅是打不打得赢的问题,可是作为总统的杜鲁门,他得考虑划算不划算的问题,这就是麦克阿瑟作为一个刺猬完全想不到的世界。

第二层关系,麦克阿瑟也没有概念。美国是有全球利益的需求的,在全球它要配置资源,哪个战略优先?毫无疑问,当时欧洲是优先的,麦克阿瑟到处叫喊,我们要在中国扔20颗原子弹,你知道最害怕的人是谁吗?是英国人,英国首相艾德礼一听这个消息马上就跑到美国,去见杜鲁门,问你们说的是真的假的?麦克阿瑟在前面胡说,你们美国人可要知道,你们的战略重心是在欧洲跟苏联对峙,如果你在中国扔那么多原子弹,美国会陷进亚洲，我们这些盟国谁来保护？你一定得给我保证不能扔。杜鲁门被他烦死了，最后保证不扔，要扔也提前跟你们打招呼，征得你们的同意。

　　这就是麦克阿瑟幼稚的地方，他完全没有办法理解那么复杂的世界，知道那么多的事情，这就是一个刺猬型人格的悲剧。当然了，如果他仅仅是一只刺猬，那也就还罢了，问题是他是一只网红型的刺猬，他的悲剧可就不止于此了。

04

网红将军的盲区

麦克阿瑟是一个刺猬型的人这本来也没有什么，因为人类历史上很多杰出人物都是刺猬型，他们没有很开阔的眼界，只是在自己专精的那一行里面干得不错。但麦克阿瑟可不是这个情况，他不仅在自己的领域里面拥有力量，还试图诉诸舆论，依靠粉丝的支持和热捧来放大自己的力量，而且他还主动追求这种放大，这就有问题了。为什么？因为网红，好处是鲜花、掌声和金钱，但是代价你有没有考虑过？麦克阿瑟在这个方面也是陷入了盲区。

我们简单分析两个代价：

第一，网红通常都会和他的周边环境形成零和博弈关系。

第二，网红的身份会遮蔽你对真相的认知。

这是什么意思？我们先来看第一条，为什么说是零和博弈，因为这个世界什么资源理论上都可以靠知识来做更多的开发，很多资源越用越多，唯独一项资源是绝对刚性，那就是公众的注意力。因为每个人的时间就那么多，能够把这个时间调集起来，把目光投射到你身上，就是所谓的眼球效应，全社会就那么一丁点儿，你占据了，别人就一定没有。为什么影视界的女明星们关系不容易搞好，经常有各种大战，就是因为这个刚性约束，这部戏你上了，我就没机会了；你红了，我就一定红不了，这里面就有头部效应，只有头部的那些人才能够吸引足够的注意力，剩下的长尾是没有价值的，这就是注意力的铁定法则。

换句话讲，如果你想当一个网红，你就是要吸引更多的注意力，对不起，这个行为就是排他的。你要想红，那就只能让聚光灯完全打在你一个人身上，你就必须剥夺身边其他人享受注意力的机会，这听起来很残酷，但是没办法，你想当网红，你就必须加入这个零和博弈的游戏。

这一点在麦克阿瑟身上体现得尤为明显。表面上的麦克阿瑟只是有一些性格缺陷，过于自大、虚荣，比如说老是在自己的身后放一面大镜子，显得自己看起来高大，而且提到自己的时候一般都不用第一人称我，而是直接称呼自己的名字，"伟大的道格拉斯·麦克阿瑟这么认为"。但实际上这都是我们前面讲的那个逻辑的结果。

在《光荣与梦想》这本书里，曼彻斯特就评价他在第二次世界大战期间的表现。当时他是南太平洋地区的司令长官，他在战区里面一共发出了142封战报，其中有109封开头都是说，麦克阿瑟的军队如何，好像这个军队都不是美国人民的，是麦克阿瑟自己的，突出自己的英雄形象。他手下的将官说过这么一句话，我宁愿一条毒蛇跑到我的口袋里，都不愿意被报纸表扬一下。为什么？因为他被报纸表扬过，麦克阿瑟就把他叫来，你什么意思？你要是再敢这么干，我明天就让你卷铺盖回老家，你信不信？麦克阿瑟珍惜舞台到了这种程度。有这种性格的人，他自然就不太在乎其他人的感受，也很难有良好的合作。

比如说，麦克阿瑟对日本人有恩，把日本人从战后的状态中拯救出来，他离开日本的时候，日本人民夹道欢送，甚至有一些匠人为他打造了一套和服，一共缝了7000万针，有7000万日本人民一人一针的寓意。

按说这是一个恩人、救星般的角色，可是后来麦克阿瑟在一次国会的听证会当中，别人就公开问他，你对日本这个民族怎么看？他说日本民族就是不成熟，德国，那是一个成熟的民族，大概有45岁，日本人很不成熟，也就12岁，我们就得管着他。这番话在公开场合一说，日本人的自尊心哪受得了？当时日本人还准备建麦克阿瑟纪念馆，然后颁发给他一个资格，叫永久国宾，一听说这个话，当时就决定都不给了，日本人跟麦克阿瑟的感情也就这么淡下去了。你逐渐就变得没有朋友，这就是当网红的宿命。

我在一个公开场合就见过这么一位女士，她到处找人合影，比如说一看这是名人，她就迅速上去，某某老师我要跟你合个影好不好？人家说好，她掏出手机一起自拍，自拍完了之后连谢谢人家都来不及，马上就转到下一个人，将这个人就晾在当场。当时我们站在旁边看，认为这个人太没素质了，可是回头一想，她想当网红的心态就是这样，因为在到处都是名人的场合，她必须要抢这个时间，抢夺公众注意力，发个朋友圈，大家看我跟名人在一起，她没有时间跟别人客气。网红的宿命就包含这条规则，她一定会把周边的人给得罪光。

麦克阿瑟的名声在美国的政界后来就臭掉了，为什么？他因被杜鲁门解职这件事情在国会开了一场听证会，这个听证会上几乎所有正经的行政官员，包括那些将军们都反对他，比如著名的马歇尔将军，就说我们当时有什么办法？我们必须撤他的职。麦克阿瑟最后混到了几乎是孤家寡人的地步，既然你跟身边的人零和博弈，最后只能落得这样一个下场。这是我们讲的当网红的第一个代价。

还有第二个代价，你几乎不知道事实是什么样。因为你听到和看到的都是山呼海啸般的掌声和鲜花，你怎么知道这个世界对你的真实看法是什么？因为舆论这个东西其实特别脆弱，当时大家热捧你，给你鲜花和掌声，甚至热泪盈眶，甚至为此激动得去住院，但是这个情绪真能保持吗？其实谁都不知道。

麦克阿瑟回来的时候是1951年，到1954年，他还想冲刺一下竞选美国共和党的总统，但是在党内投票的时候，他只拿到了

10张票。只过去了三年,这个人就被舆论抛弃掉了,舆论这个东西,别看表面上烈火烹油,但是非常具有欺骗性。

我们再举一个例子,杜鲁门。杜鲁门的出身其实特别憋屈,他当了十几年农民,后来才参政,这个人特别粗野,讲话的口音也是美国中西部的口音,在政界特别不受待见。他当上副总统,是因为前总统罗斯福已经觉得自己命不久矣,但是他又怕民主党分裂,想来想去最后只好选杜鲁门来当他的副总统,这是民主党内部大家都接受的一个人选。刚开始杜鲁门不干,说这个副总统不就是一个名誉职务吗?我不干,最后罗斯福是当着他的面给别人打电话,说他不干,民主党将来分裂的责任他可是要承担的,逼得他没办法,才当了一个副总统。

后来罗斯福一死,按照美国宪法,他就成了总统。他这个总统真的是毫无思想准备,罗斯福干了那么多年,威望那么高,他只是一个默默无闻的人,又没有性格魅力,他当总统真的是有点不适应。

话说在罗斯福总统去世的那一天,杜鲁门得到消息,匆匆忙忙赶到白宫,迎头就碰见了罗斯福夫人,他就赶紧上去问,总统去世了,我有什么能帮到你的吗?罗斯福夫人看了他一眼说,你现在是美国总统,真正有困难的人是你,我倒是要反过来问,我有什么能帮到你的吗?

直到这个时候他完全没感觉他已经是总统了,因为这个总统当得太便宜了,这个国家的很多事情他都不了解。比如说美国当时在开发原子弹，叫"曼哈顿计划"，那是一个绝密计划，杜鲁门就不知道，上任之后临时再来了解。

这总统憋憋屈屈当了四年，到了1948年再次选举，很多人都觉得杜鲁门肯定没戏，你本来就不是威望的来源，你是靠着狐假虎威，跟着罗斯福上来的，而美国人民忍受民主党已经这么多年了，也该换个总统了。共和党那边的杜威这个时候呼声非常高，无论是民调还是报纸，所有的媒体都支持杜威，达到了一比四的支持度，当时《新闻周刊》有一篇文章，讲美国50个政治观察家一直预言杜威会胜出。共和党到选举的最后一天，甚至把酒店都包下来了，马上准备要举行庆功典礼，觉得毫无疑问，甚至很多报纸因为第二天要出版，将头版直接写杜威击败杜鲁门当选总统。

但是万没想到，后来杜鲁门又当了总统。为什么？因为杜鲁门也知道自己这个弱势，他干了一件事，做了当时美国历史上时间最长、距离最远的一次火车演讲，他坐着总统专列，到各种地方去演讲，哪怕一个小村镇也停下车来，在最后一节车厢跟当地老百姓聊聊天，慰问一下老百姓，问问大家的生活怎么样，一天开过好多个城市，做好多场演讲。你别觉得这种演讲是宣传自己的大政方针，他其实就是聊聊天，甚至拉拉票，他怎么拉？说你们一定要选我，如果你们不选我的话，我没有钱租房子，我就会被白宫赶出来，拉票用这种方式，完全不是政治主张。但是这一招就是管用，因为舆论这个东西特别不可靠，它容易给人制造一个假象，你觉得很多人都在支持杜威，但是实际上社会的底层因为杜鲁门这一次火车之旅，已经被他拉动了，但舆论是根本不知道的。

这个现象其实在2016年的美国选举中也有所表现，很多人就觉得特朗普胡说八道，他怎么能当美国总统？但是你别以为他胡说八道是没有道理的。比如，他讲过一句话，说现在墨西哥有太多人非法移民到美国，我们应该在美墨边界建一道长城，把他们给挡住，这明显是胡说八道。民主党这个时候心里就偷乐了，为什么？因为墨西哥移民就是民主党的票仓，特朗普这样胡说不就是把新移民给得罪了吗？但是这是舆论的表面判断，而实质上很多墨西哥移民也不希望老家的亲戚来美国，特朗普这句话说出来之后，我看到过一个材料，有40%的墨西哥移民愿意支持特朗普，你不觉得这件事情很荒唐吗？对，舆论只能反映民意的表层，大家心里真正怎么想，整个世界真正在发生什么，舆论有的时候是反映不出来的。

这个效应在互联网时代体现得尤为明显。我们每个人都认为自己能够感知到舆论，而整个世界到底是什么样，其实我们一无所知。

美国的顶级名校耶鲁大学2016级的新生入校，校长沙洛维对这些新生做了一次演讲，这次演讲没有提爱、责任，只强调了一点——整个人类正在进入一个表述失实的时代。意思就是互联网正在激发我们人性底层的本能，像恐惧、愤怒、憎恨，而这些本能又在被舆论放大，我们看到的世界已经被扭曲了。过去我们了解世界是通过舆论，而现在的舆论在这些情绪的扭曲下，恰恰是我们要警惕的，身为耶鲁大学的学生，你们是世界的顶级精英，你们的学习任务就是要用批判性思考的方式，来跳出自己的思维圈子，来了解真实的世界。可见，在这个时代了解真相已经变得多么困难。

如果你想当一个网红，你可能要注意两点：

第一，你尽可以去获取注意力，但是请注意，要对周边的人比对粉丝还要好，因为这个世界说到底还是一个通过协作而获得力量的世界。

第二，永远不要相信粉丝告诉你的，或者你从粉丝那儿体察到的，世界的真相其实你并不了解。

如果你不想当一个网红，从麦克阿瑟的故事当中我们也能得到一句提醒，你看到的事实也许真的就是事实，但是又怎么样？你可能是一只刺猬，虽然看到了一件大事，但你没有狐狸的视野，看不到里面更多的事情。

谁能在大多数人都很迷茫的时候，坚定地前进，谁就拥有强大的领导力。

第5章

亚历克斯·弗格森：
始终如一的领导力

曼联的吸引力就在于它在足球这个充满不确定性的领域里，向球迷交付了一种确定性。

引言

前曼联主教练亚历克斯·弗格森写了一本关于领导力的书。

曼联是一家足球俱乐部，位于英国曼彻斯特，弗格森从1986年开始执教，2013年退休，在这26年间，曼联一共获得过38次冠军，这段辉煌的时期在曼联历史上被称为弗格森时代。这本书，就是弗格森执教生涯的自述。

作为一个非球迷，其实在看这本书之前，我本人一直对曼联很好奇，它的球迷为什么那么多？2011年曾有一项全球调研，曼联是世界上球迷最多的球队，球迷总数超过3.5亿，是英国人口总数的5倍还多。全世界每20个人里，就有1个曼联球迷。

难道是因为战绩好？欧洲其他几支得过大满贯的球队，尤文图斯、拜仁慕尼黑、阿贾克斯、切尔西，球迷数加起来的数量也没曼联多。难道因为球星多？其他队的球星也不少，比如皇家马德里。

而且要知道，足球是一个充满不确定性的项目，意外输球、巨星转会都是家常便饭。这么庞大的球迷数，肯定不是单靠漂亮的战绩和大牌球星能维持得住的，背后一定还有更深刻的原因。

那到底是什么？

看了这本《领导力》之后，我终于得到一个能说服自己的答案，曼联的吸引力就在于它在足球这个充满不确定性的领域里，向球迷交付了一种确定性。

01

在球场上打造确定性

你可能会说,球场上不确定性太大了,实力强的团队也不见得就一定会赢,这怎么交付确定性?

对,曼联也不是总能赢。但是很奇怪,这支球队就是能让你相信,在一场比赛落后的情况下,它有可能绝地反击。在当年欧洲媒体头条上,总能看见类似这种标题,曼联上半场0比2落后,下半场连入3球上演大逆转。

这就等于在告诉球迷,放心,我能赢,就算现在落后,我早晚能赢回来。

可是总有单场比赛打输了的情况。对,这才是弗格森真正神奇的地方。他总能让球迷相信,曼联总有一天会复仇,会替你们赢回来的。有输有赢是常态,你怎么就能让球迷相信你不是"屡战屡败"而是"屡败屡战"?

更深一层,曼联虽然也球星云集,但它从来不依赖某个球星,即使当年C罗、贝克汉姆这样的大腕离开,也仍然不影响它在赛场上的竞争力。

不管面对什么样的困境，发生什么事，曼联永远是曼联，它让球迷相信它是一支有野心、有能力冲击冠军的队伍。这就是曼联向球迷交付的确定性。

《领导力》这本书，讲的就是弗格森作为曼联的领导者是怎么打造出这种确定性的。

弗格森自己的总结出奇简单，就四个字：始终如一。

你可能会说，这有什么难，不就是保持不变吗？但是，如果你深入了解细节就会发现，在足球的世界里，做到这一点有多难。

足球是全世界竞争最激烈的领域，每个球队都在穷尽手段，寻找战胜对手的方法，但凡跟足球有一丁点关系的技术创新它们都不会放过。其中最核心的是数据科学，球队可以给球员佩戴心率监视器，观察他们在比赛时的运动强度，还可以戴上GPS，测算他们在训练中的跑动距离。

甚至还有一个足球行业的寄生产业，叫作录像分析，由专业的分析师，反复观察比赛录像，然后算出进球率、助攻、射门次数等一系列数据，再来对球员的素质做判断。

好多人都觉得，数字总不会出错吧，要想判断一名球员，还有比这更可靠的方式吗？要知道，弗格森执教曼联整整26年，这26年就是这一系列技术迅速发展的26年，每年都花样翻新、出现新的工具，那弗格森要不要相信？

现在看来，弗格森是不太相信数据的。他觉得，盯着运动员场上的数据就等于站在病房盯着监护仪上的数字，像心跳、血压等，而病人最后却因为吃三明治噎死了。换句话说，比赛充满意外，数据只能用来衡量一个指标，在过去是否稳定，它根本代表不了未来，更代表不了全貌。

从一开始，弗格森就很少用这些数据来判断球员，更多是凭一双肉眼。他觉得足球是一个需要成员之间达成高度共识、全力以赴的项目，没有任何一台机器能够告诉你一名球员是否偷懒，态度是否端正。这些证据不在屏幕上，只在眼前，在球场上。

后来事实证明弗格森的判断是对的，比如有的球员在训练时懒洋洋，跑动数据一塌糊涂，可一到了赛场上就马不停蹄。再比如，有的球员虽然医学检查不达标，但是比赛从不掉链子。

听起来，这好像是一个反对使用新工具、保守的倔老头。其实不是，拒绝技术和高效工具的诱惑是非常困难的，我们只要稍微切换一下场景，马上就能够理解弗格森的伟大之处了。

比如现在一家互联网公司。互联网公司是最讲究数据的，甚至有的公司做任何决策，都要做AB测试，就是遇到难以决策的事情，就干脆做两个版本，根据用户反馈，然后选择一个效果好的来推广。从一个按钮的颜色，到一篇文章的标题，都在用这个方法。

这当然很高效，但是有一个问题，人的价值判断在哪里？如果都依靠机器的话，那人的价值在哪？

就像一所大学，评定老师水平的好坏，为了公平，往往只能靠一些数字化的标准，论文数、专著数量、课题数量等。但是一个老师的好坏，真的需要这些标准吗？一个水准不错的学生，在课堂上听他讲一节课，水平高低立即就能判断出来了。这也是为什么西方学术界特别讲究同行评议，这就是人的判断标准，而不是只看客观数据的原因。

　　为了避免误解，我还要多解释两句。这里并不是说，技术不可信，技术非常可信，但是技术可信的场景是有限的，一旦牵涉到更大的认知图景，更强烈的价值观色彩，更复杂的综合判断，人仍然是万物的尺度。

02

始终如一地锤炼自己和团队

怎么做到始终如一？怎么在巨大的不确定性里交付确定性？怎么叫领导力？说到底，是一种拒绝有效工具，判别什么力量不能使用的能力。弗格森给出了一个很好的示范。

弗格森对自己领导力的解释，就是很简单的四个字"始终如一"。这表面上就意味着，盯死目标，不受诱惑。但是做到这个境界，哪有那么简单？

弗格森不受外来的诱惑，这个还稍微容易点。但是，如果这个诱惑不是外来的，它就是你自己，或者是你自己的一部分，那该怎么办？你能果断地割除自己的一部分吗？弗格森在这方面体现出了神一般的意志力。

他老人家有个外号，叫"弗格森吹风机"，就是因为他经常在比赛中场休息的时候，冲进更衣室，像吹风机一样，对球员劈头盖脸一通狂批评，像鲁尼、吉格斯、贝克汉姆，这些顶级的大牌球星，没一个能逃得过去。这和其他教练对待球星的态度完全不一样。

别的球队都是花大价钱买球星，请回来恨不得供起来。可弗格森偏不，不仅从来不花大钱买球星，而且不管你是谁，照批评不误。其中最著名的就是2003年2月发生的"更衣室飞靴门"。当时曼联对阵阿森纳，弗格森对贝克汉姆的发挥很不满意，先是大发雷霆，说贝克汉姆的表现根本不像一名职业球员，然后狂怒之下，又飞起一脚把地上的一只球靴踢飞。

球靴不偏不倚，正好砸在贝克汉姆的左眉骨上，他直接就挂了彩，据说要不是队员拉着，两人当时就动手打起来了。

这个故事，通常都被解释为弗格森脾气不好，但是不能这么简单地看，愤怒和恐惧其实是一回事。

区别是什么？你的边界被挑战，你觉得自己的力量大过对方，你就会愤怒；如果你觉得自己力量小过对方，你就会恐惧。

在生活中，我们见多了那种媚上欺下的人，他们的情绪在恐惧和愤怒之间不断切换，就是在心里不断地计算对比力量。一个愤怒的人，恰恰不是一个不顾后果的人，而是一个认为自己承担得起代价的人。

回到弗格森，他对大牌球星敢打敢骂，这背后也一定有力量的权衡。换句话说，他认为自己承担得起损失任何球星的代价。果然，后来赛季结束，贝克汉姆被弗格森以2500万英镑的转会费，卖给了皇家马德里队。

要知道，2003年的贝克汉姆可是所有球队争抢的超级球星，很多俱乐部抢都来不及，可在弗格森这儿，居然一点情面都不留。可见，弗格森不是一时兴起的暴怒，他就是不想要自己的顶梁柱了。问题来了，弗格森的底气是从哪儿来的？怎么这么大胆子？

　　弗格森的视野远远超过了几场球的输赢。他认为，买球星只是在争一时长短。假如你只是打算在一个球队执教几年，赚个名利双收，见效最快的方式就是砸钱，像雇佣兵领导者一样，想赢一场战争，花费大价钱去加强火力，这是直接的办法。

　　可假如你打算在一支球队执教一辈子，让这支球队经久不衰，那就必须得重视团队建设，最好的方式，不是从外面买球星，而是塑造自己的球星，换句话说，我不需要你是牛人，但我会让你在我的队伍里变成牛人。

　　回头看这个过程，我还是被弗格森的勇气给震撼到了。

03

瞄准竞争对手的核心要害

弗格森源源不断的新力量的来源是什么？他写的《领导力》这本书，我读来读去，还是那四个字——认知地图。他的认知地图和别人不一样。

足球是一种对抗性很强的运动。一支球队的认知地图，很容易被对手限定。我的世界就在球场上，战胜敌人就是我的目标，对手的行动就是我要应对的要事。

早期交通不发达，足球比赛经常是同一座城市的几支队伍踢来踢去，日积月累，同一个地方的球队就容易成为彼此的冤家。曼联也有这么个冤家，就是同在曼彻斯特的曼城队。根据弗格森的描述，曼城队几乎整天盯着曼联打。曼城的俱乐部主席管曼联叫"马路对面的家伙们"，言外之意，你就是我的对头，不管你干什么，我都要跟你杠一下。

尤其是2008年，曼城队被人用高价收购之后，烧钱如流水，买球星、搞投资，处处都想超过曼联，5年就花了7亿英镑，甚至还做起了房地产。后来一度有传闻说，虽然曼联在全世界球迷最多，但在曼彻斯特本地，曼城的声势要比曼联大。

要知道，对弗格森来说，这可是家门口的对手，人家方方面面搞得风生水起，你好歹也要反击一下吧，要不然老脸无光。但弗格森打定主意，就是不跟进。

在弗格森看来，不管是投广告、搞投资，还是做房地产，那都是你战略版图里的一部分，不在我们的版图之内，我有我的战略布局，我们之间重合的部分只在赛场上。就像弗格森评价曼城队时所说，不管他们花了多少钱，买了多少名球员，他们在周六的比赛中，也只能派上11个人。只要还是11个人，击败曼城依然是我们曼联力所能及的事。

弗格森的版图，是要做全球最好的足球俱乐部，他要管理的球迷是3亿多人，这么大的版图，怎么是一个小小的曼彻斯特城能限定得住，那对手的动作和我有什么关系？

竞争意识会损害竞争力。你一旦开始竞争，其实就是你的认知地图被对手锁死的迹象。

很多中国人小时候都要提一个问题，《西游记》里的唐僧，什么本事都没有，他凭什么当取经团队的领导？沙和尚是个水妖，一辈子就待在流沙河，没什么眼界，他的认知地图上只有眼前的这点事，可以做到勤勤恳恳。猪八戒的认知地图永远指向身后，一不高兴就要分行李散伙，回高老庄。孙悟空本事大，但是无法无天，压根就没有地图。

只有唐僧有一张清晰的作战地图，不管你们去不去，我都要去，方向是天竺。他不当领导谁当领导？

重复一下我在这本书中收获的启发。领导力是什么？不是权力，不是能力，不是搞定人，不是讨好人。本质上，谁能在大多数人都很迷茫的时候，握有一张清晰的地图，坚定地按照地图前进，谁就拥有强大的领导力。

理想主义走到极端之后，容易犯一个毛病，就是不大关注其他人的利益。

第6章

项羽：
神经质的性情少年

在历史上我们看到，项羽处理秦国，他有一种非常微妙的心态。表面上看全是仇恨，可是你把所有的事连起来看，你会发现除了仇恨，还有一种巨大的恐惧。

引言

短短19年时间，一个舞台上，轮番上演三幕大戏，三个主角轮番登场，好不精彩。请问，谁杀灭了秦帝国？

其实不是谁杀的，是它自个儿撑死的。你就这么小一个胃，吃得太多，最后只能全部吐出来，而且会危及生命。秦始皇对自己的制度是充满了自信，可是他忘了一个前提，这个制度运转正常，是以空间比较狭小、人口比较稀少为前提的。一旦复制到全国，这么多的人口，这么广阔的地域面前，这套制度玩不转，会分崩离析。

公元前221年刚刚全国统一；到了公元前210年，前后也就11年，秦始皇就死了。最后能够拢得住这套制度的人撒手西归之后，这套制度就该完蛋了。从第二年，就是公元前209年开始，陈胜、吴广起义，秦王朝的灭亡就拉开了序幕。

01

一波三折的秦王朝灭亡之路

我们小时候读历史的时候总觉得，说时迟那时快，一会儿的工夫遍地烽烟，乱打如云，先打出来一个项羽，又打出来一个刘邦。确实，公元前202年，只在七年之后，西汉王朝就建立了，似乎这一段非常简单。

其实逻辑没有我们想象的那么简单，首先你对陈胜、吴广这一支力量千万不能高看。陈胜、吴广什么人？闾左之人，他们没文化，也没家产。但是他们急了敢玩儿命，但他们打仗不行，也没有相关的行政管理经验。

当然陈胜这个人并不是草包，他知道自个儿不行，我就当我的王，你们去冲锋陷阵。他找出来一个人，叫周文，这个周文是谁？原来在战国末年有一个四公子，楚国的春申君的门客，也是个饱读兵书战策的人，而且他跟着项羽的爷爷项燕也打过仗，当过他的部将。这个时候他重出江湖，就带领了陈胜裹挟来的几十万人马，打秦国。

打秦国按说最难的就是函谷关，就是今天从洛阳到西安中间的那一段，有一个关口。原来在战国的时候，山东六国多次合纵，拼凑部队，兵临函谷关，但是从来也没有把函谷关打下来过。但是这个周文不一样，因为秦国内地兵力空虚，周文迅速攻下了函谷关，然后一直打到了咸阳附近。

这个时候秦朝的皇帝是秦二世胡亥。这个家伙也没什么本事，但是他知道谁能打呀，章邯能打，让章邯带队出击。没兵，带什么队？章邯说这样吧，我们这儿还有点人，就是正在修秦始皇的骊山陵墓的那些囚徒和征发来的壮丁。就把这些人临时组织了20万，发了武器就拖上了战场。

这帮不是乌合之众吗？你小瞧了秦国，什么叫瘦死的骆驼比马大？第一，这20万人在工地上也是被组织好的，基层的组织并不缺失。第二，你到了秦国的老家，到了咸阳附近，武器可不缺，你陈胜那几十万人可能拿个木头就上战场了，从武器上你也没法比。第三，秦国人这个时候可是主场作战，保家卫国。一个部队里面什么最宝贵？老兵最宝贵，他见过阵仗，心里不慌。我们表面上看，是临时拼凑的20万军队，都是骊山上的那些囚徒、临时征发来的壮丁。可是秦国本土的那些男丁，人人都是老兵，都是打过大仗的人，这些人往部队里一掺，军心马上就稳了，士气也振作了。而反观陈胜这边的部队反而是乌合之众。

当然最重要的因素是第四点，就是名将章邯。章邯这个人打仗有很多特点，比如说他特别重视后勤部队，你再反观周文那一边，你是用一个多月时间就一哄而入，你不可能有时间组织靠谱的后勤部队。更何况，你也没有大后方，这方面你首先就输了。

再比如说，章邯这个人特别善于围点打援。解放战争时期，我军就特别善于这个战术，把一个点围住，你必然要来救，那我再抽出一支偏师，把你救援的部队给打掉。

章邯还有一个特点，如果觉得不行，就按兵不动。等敌人带着虚骄之气来打，然后预先排兵布阵，准备随时反击，把敌人击溃。

这个周文一战之下，就大败。九月败了，到十二月，章邯就领着秦国的这20万临时拼凑的部队，一直打到了陈胜的老家，把陈胜给灭了，陈胜也死了。

按说这个故事差不多结束了，因为陈胜起兵之后，原来的山东六国纷纷复国。可是这个时候复国，你几乎没有什么基础，几乎就是僵尸般的复国，除了楚国因为有项羽，算是一支靠谱的力量。其他什么赵国、魏国、齐国，也都复国，只是有一个样子。这种"僵尸复活"是不经打的，章邯灭掉陈胜之后，当然就要接着灭刚刚复活的六国。

而且这个时候秦王朝已经缓过神来了，原来国内空虚是因为主力部队派到了北方防守匈奴，现在赶紧回撤吧。王翦的孙子、王贲的儿子，叫王离，这个人也是个名将，就带领一部分北方的边防军，加入到国内战争当中来。

王离和章邯之间就形成了很好的配合，章邯特别善于搞后勤，搞后勤去；王离就带着几十万部队，追着这六国打。打来打去，最后的决战就爆发在今天河北一个叫巨鹿的地方，这就是历史上著名的"巨鹿之战"。表面上诸侯联军，还有10万人，可是这都是残兵败将，最后是被王离的40万大军死死地围在巨鹿这个地方。

但是这个时候，舞台上突然蹦出来一个人，如果这个人不出现，下一幕可能就是章邯、王离这些人来表演了。这个人就是项羽，后来著名的西楚霸王。

项羽的爸爸叫项梁，本来跟章邯打仗的时候，已经被打死了，楚军事实上也不行。你就可以从这个细节看得出来项羽的重要作用，这真是以一人之力扭转整个历史的乾坤。这个时候出现了一个著名的成语典故，叫"破釜沉舟"。

项羽带的人不多，历史记载不过5万人，面对40万围得像铁桶一样的巨鹿，就是秦军的包围大阵，这5万人冲杀上去，居然把王离给打败了。乘胜追击，又遇到了章邯，章邯手里还有20万人，就是拼凑出来的那20万，刑徒、壮丁那些人。章邯一看大势已去，算了吧，投降了。

这就是历史的戏剧性所在，原来那个总体的优势是牢牢掌握在秦王朝手里的，可是就因为巨鹿之战，这局部一败，结果满盘皆输，秦王朝算是把家底都给赔进去了，再也没有后备力量了。

可能你还记得，秦军还有一部分主力，50万人不是南征去了吗？这帮人为什么不回来救驾？回不来了，路途太遥远了，后来这帮人干脆在南边割据称王，建立了一个南越国，不再掺和中原的事情了。秦朝的皇帝在咸阳就剩下一个孤家寡人，这是第三任皇帝，叫子婴。

刘邦成了推倒这最后一张多米诺骨牌的人，刘邦没有实力，参加不了巨鹿大战，但是他大摇大摆，轻轻松松地从南边进入了关中，正好子婴一看大势已去，出城投降，秦朝至此灭亡。

当然刘邦这个时候不行了，后来的故事我们都知道，鸿门宴，项羽就过来了，说一边去，你先进来你就为大吗？哪有那个事？滚！然后整个天下就落到了项羽手里，他成了舞台上的主角。

02

西楚霸王也是性情少年

项羽怎么管理这个上市后的公司？这就得说到项羽这个人的性格。项羽其实就是一个性情少年，小时候不好好读书，后来学武也不好好学。那就问他，你要学什么？他说我要学为万人敌。

但是他们家是有血统的，他爷爷叫项燕，他爹叫项梁，都是楚国的贵族，带兵打仗的。楚国跟秦国那是多少年的国仇家恨，项羽从小就知道，我爷爷是被秦国人给弄死的；后来他又知道，我爹也是被秦国人弄死的，我们楚国就是被秦国灭掉的。一个性情少年，对秦国充满了仇恨。

在历史上我们看到，项羽处理秦国，有一种非常微妙的心态。表面上看全是仇恨，可是你把所有的事连起来看，你会发现除了仇恨，还有一种巨大的恐惧。

大概是这么三件事。第一件事，章邯带着20万人向他投降。挺好，投降了。我拿你们也没办法，这样吧，全给埋了吧，生生就把这20万人直接坑杀。这20万人是从山东六国征发来的囚徒和民工，他们并不是土生土长的秦国人，你项羽为什么要用这么残暴的手段去对待他们？你至少搞个甄别好不好？你只把秦国人坑杀掉，我还能理解一点。

可能有人会抬杠，说原来秦国不是把赵国的降卒40万，在长平之战之后也坑杀掉了吗？这叫一报还一报。这么谈问题就叫抬杠，因为秦国当时这么干，虽然手段很残暴，但是和它的战略目的是匹配的，它一定要把当时它的一个强敌，赵国的国力给干下去，这么干可以理解。但项羽为什么要这么干？这是一个不可理解的地方。

第二件事，是子婴的下场。子婴是秦朝的第三任君主。始皇帝、二世皇帝胡亥，第三任就是这个子婴。子婴不是秦始皇的孩子，秦始皇的儿子已经让胡亥全部杀光了，这个子婴其实是一个非常贤能的人，当年胡亥杀他兄弟的时候，他就老跑出来阻拦。

后来他继位。他是被赵高扶上位，他觉得赵高不是个好东西，马上就想办法诛杀了赵高。这么一看，这是个明白人。后来他也不去做无谓的抵抗，直接出城向刘邦投降了。刘邦说好样的，我也不杀你，将来你还当秦国的国王。甚至这两个人一度关系还处理得不错，还经常一起聊个天什么的，刘邦还很虚心地向他学习。

可是等咸阳被项羽给接管之后，二话不说，直接就把子婴给杀了，而且用的是当时最残暴的一种刑罚，叫腰斩，就是秦王朝当年处置他们丞相李斯的那个刑罚，直接从中间砍两段。就算你对人家子婴不放心，怕秦国的力量死灰复燃，能用一杯毒酒解决的问题，为什么要搞得这么血腥？这是第二个不可理解的地方。

第三件事，他把咸阳一把火给烧了，一把大火烧了三个月。要知道，咸阳可是当时天下财富的中心，是最雄壮的建筑物的所在地，如果你要心怀天下，将来想当皇帝，那你肯定要保护咸阳的基础设施。天下打下来了，财富属于你，你为什么要毁灭掉它？

看到这儿，可能觉得项羽简直就是个疯子。确实，当时也有人这么看，有一个儒生叫韩生，就老跟他说，你将来当了皇帝，这咸阳你自己也得用，烧它干什么呀？项羽不听，韩生背后就说他坏话。说这帮楚国人，尤其是这个项羽，叫沐猴而冠，就是找一个猴子，把它洗干净，戴上一个帽子，这就当个人。你们哪个是人？你就是个猴，是个畜生。就说了这番话。项羽一听，说我是个猴？直接把这韩生抓来，扔到锅里给煮死了。

桩桩件件都在说，项羽简直就是个禽兽。但是我们从历史上可以知道，项羽是一个多情的男子，京剧舞台上现在还在演《霸王别姬》。项羽最后在乌江自刎的理由，是无颜见江东父老，他分明是一个多情的男子。可是为什么在这些事件当中，体现得那么残暴？

我们可以提出另外一个解释，他分明不是仇恨，他是对"外星文明"的一种恐惧。就是秦王朝这种文明方式，他从头到尾就觉得完全无法接受，什么皇帝，你整个的那套制度，只要是跟秦沾上关系的任何东西，就做出神经质的、条件反射式的反应，赶紧给清除掉，把你所有的遗迹都要从这个地球上给抹掉，他是这样的一个情绪。

这种情绪打一个不恰当的比方，就是你回家一掀被子，发现床上一窝蚂蚁，你一方面当然觉得很恶心，但是你即时的反应就是一阵肉麻，赶紧把这帮蚂蚁给弄死。项羽对秦国几乎就是这样一种情绪，是对他完全排斥的制度的一种条件反射式的反应。

可是你项羽毕竟现在把天下打下来了，你的公司上市了，请问，你怎么治理？项羽的方法很简单，既然这个外星文明我不接受，那就回去，回到原来的处理办法。当然他实在也回不去了。因为原来六国的那些贵族跟我非亲非故，我为什么要对你好？他基本上把这个国家按照原来的分封制，分封给自己看着顺眼的、有功劳的、亲近的人，一通分封。

他分封的可不是六国，他一共分封了十九个国。就是把原来的楚国、秦国，一分为四；把齐国这种比较大的国一分为三，什么赵、魏、韩、燕这些国家，一分为二，一共分了十九个国。刘邦叫汉王，其实就是秦国汉中的一部分。前面投降的那个章邯，封成雍王，正好坐在汉王旁边，看着他。这是秦国分成四个。

很多人都听说项羽有一个外号，叫西楚霸王。怎么出来一个西楚？楚国不是在南边，应该叫南楚霸王？不对，他把楚国分成了四份，他自己占了西边的那一块，叫西楚霸王，这个名号是这么来的。

为什么叫霸王？在现代汉语里面，霸王这个词听起来好牛，全宇宙你第一。其实在当时没这个意思，霸王的"霸"是春秋五霸的"霸"，说白了大家都是平等的国君，只不过你地位比较强，实力比较强，好，大家认你当个带头大哥，认你当个盟主，仅此而已。

西楚霸王这四个字连起来什么意思？就是你仅仅是西楚国的国君，大家只不过看在你实力比较强、功劳比较大的面子上，认你当个霸王，你是大家的盟主。其实仅仅是王中王的意思，你对其他的王没有绝对的控制权。

这套制度设计出来对谁有好处？你会发现，对谁都没好处。对其他18个国君来说，天下秩序没有人维护，打成一团，所有的人都乌眼青。对于项羽来讲就更没有好处了，因为他是靠军事实力起家，突然用这么一个政治制度，把自己变成天下的十九分之一。那么，他的历史责任何在，个人的梦想和野心何在？怎么分析都无法理解项羽。

可是从前面讲的那个角度一理解，就会恍然大悟。项羽就是看不惯秦国这个外星生物，想赶紧把它弄死，所有跟秦国相关的，都把它从地球上抹掉。那怎么办？接着回到原来的田园牧歌生活，就是东周列国多好？大家各过各的日子，谁也别招谁，虽然平时打点小架，但是不至于把秦国这样的外星物种给招来。回到那样就挺好，公主和王子从此就能过上幸福的生活。

他就是要回到那个事实上已经死亡的政治制度里面去，就是分封制，他觉得在那个制度里，我可以盖上大棉被安然入睡，整个世界就安宁了。哪有那种好事？转瞬之间，西楚霸王制度就崩溃掉了，这家上市公司立即退市了。

03

投机主义者的反对面

　　刘邦这个人在历史上给大家留下的印象，说得好听一点，是一个投机主义者，他似乎没有什么理想，而且经常搞那种流氓嘴脸。比如说最著名的那个故事，就是项羽抓住他的爹，说你再不投降，我把你爹给煮了，做成肉羹。刘邦说，那能不能分我一杯羹? 这个著名的故事就说明，这个人太没有节操。

　　可是我们反观这种投机主义，这种流氓嘴脸的反面是什么? 就是这段历史当中的两个大失败者秦始皇和项羽，这两个人都是响当当的理想主义者。秦始皇是有强大的制度自信，我就是要把秦国这套制度推广到全国，先是我始皇帝，然后二世、三世，递万世而为君。理想主义者吧? 项羽是要回到原来的田园牧歌式的，没有秦朝的那种理想的政治制度。一个认的是事，一个认的是理，可是他们都把这个事和理给认死了，在一条道上狂奔到底。

　　最后我其实想说的是理想主义者的问题。理想主义不能说不好，人类文明发展往往是靠理想主义者在推动。可是理想主义走到极端之后,容易犯一个毛病,就是不大关注其他人的利益。

我们看秦始皇执政期间,全国这套制度对谁有好处?除了他,什么人都没有得到好处,整个国家变成了一个大的监牢。项羽搞的那一套对谁有好处?事实证明,连对他自己都没有好处。但是理想主义者觉得,这就是我们存在的意义,为了理想不惜一切。

可是问题在于,当你不去关注他人利益,你的巨大的事业里面没有他人利益的共融空间的时候,你这个事业本身是很难持续的,理想主义有的时候会堕落为一种剥夺他人利益的借口。

举一个我现实当中的例子。有一次我跟一个出版界的朋友聊,我说很多外国翻译过来的作品,书本身很精彩,可是那个翻译实在是太烂了,你们为什么不多出一点翻译费?你知道现在翻译英文著作的翻译费,通常标准是多少吗?千字八十元,就这么个水准,你怎么可能雇得到顶尖的翻译?可是你知道那个出版人怎么回答我的?他说他们做的是学问,他们为的是理想,他们不图金钱的。

当时隔着桌子我就差点呕出来了,凭什么人家为了理想,就可以不图金钱?你拿理想去忽悠别人,然后自己挣钱,你不觉得这是一种最卑劣的理想主义者吗?我们再来看刘邦,虽然他劣迹斑斑,但是他帐下那么多人,那些人的利益都被照顾到了。

我们看刘邦手下的那些人,他没有什么理想主义者。比如说萧何,他原来就是个底层办事员,想的就是往上爬,一直当到丞相。没错,给你。像韩信,是野心家,他打到齐国的时候,觉得自己兵强马壮了，就给刘邦上书，我是不是当个齐王，以稳定这边的局势，要当假王，假这个字就是暂时、暂代的意思。

刘邦说，什么暂时暂代，要当就当真王，大丈夫要当就当真王。刘邦心里清楚，我没了韩信，我根本就拿不下这个天下，该给利益的时候，敢于给。当然后来把韩信干掉，那是另外一段故事。

再比如说像樊哙这种人，他就是个杀狗的，在他眼里杀狗和杀人也没什么区别，就是为了喝酒、吃肉。这样的人，我也可以满足你。

刘邦不是一个只求自我利益的投机主义者，他是一个讲哥们儿义气，讲大家一起大秤分金、大块吃肉的投机主义者。把朋友搞得多多的，才把敌人搞得少少的。他从年轻的时候就暴露出这样的一个潜质，比如说他有一个朋友叫夏侯婴，这个人跟他一起玩，玩得挺好。

有一次刘邦失手把他打伤了，后来就有人把他告发到法庭，按说他就应该被判罪。结果他那个朋友夏侯婴说，他没打我，他从来没打过我。他哥们儿义气能够处理到这种份儿上，把人打伤了，人家都不承认。他是用充分的利益安排，构建了一个利益共同体，汉帝国是怎么来的，不是刘邦用理想主义忽悠别人来的。

我这里没有想说服大家放弃理想主义跟着刘邦学，做充满铜臭气味的投机主义者，我只是想帮大家清理一下理想和现实利益之间的关系，这种关系大概有两种方式。一种是善意的方式，就是我有我的理想，你有你的理想，我们互相尊重。如果想把别人的理想纳入到自己的理想体系当中来，也可以，请用利益来说话，请用共享利益的方式尊重他人。

可是还有一种恶性的理想主义方式，就是我有我的理想，这玩意儿可是宇宙真理，我的理想就应该是你的理想。我为我的理想已经牺牲到这个程度了，你也应该放弃利益，纳入到我的理想当中来。我是素食主义者，你吃肉就是罪过；我是一个环保主义者，你开空调就是个罪过。请问，用这样的理想主义绑架他人，可能产生好的结果吗？

如果在职场上遇到这样的老板，他告诉你，这是一家伟大的公司，我们是一支有理想的创业团队，你要不要加入我们？能不能少要一点钱，甚至是白打工？这个时候你就要告诉他，你有你的理想，我有我的理想，如果想让我加入你的理想，你可以说服我、收买我，但是千万不要绑架我。

权术对开放时代的自由人,其实是无法施展的。

第7章

嘉靖：
知分寸的权谋高手

嘉靖皇帝就明白这个道理，我们看那个武侠片当中经常会出现这样的镜头，两个武林高手打着、打着突然不打了，往上蹿，顺着树、竹子，或者顺着山崖往上蹿，为什么？他不是不打了，是要争夺制高点去了。嘉靖皇帝就是一个这样的高手。

引言

有一位历史人物，困扰了我很长时间，就是明朝的嘉靖皇帝。中国读过书的人基本都知道"嘉靖"这个词，知道它是明朝的一个年号，也知道有这么一个皇帝。他为什么这么有名？就是因为他在位时间长，前前后后一共45年，这在明朝皇帝的在位时长中排名第二。排名第一的是嘉靖皇帝的孙子，万历皇帝明神宗，万历年间一共48年，也不过长了3年而已。

他这个爷爷既然执政了45年，就难免会留下大量的遗迹，比如说有些名人就出现在嘉靖年间，当年制造的很多器物翻过来一看，嘉靖年间制。玩古钱币的人都知道，有嘉靖通宝等等，他留下的东西比较多，这个词自然就变得比较有名。

可是你仔细一想，又觉得奇怪，45年，好像我们对这个皇帝没有什么印象。我先替大家打捞几个记忆的碎片，关于嘉靖皇帝。

第一个碎片，就是海瑞骂皇帝，骂的是谁？就是这个嘉靖皇帝。

第二个碎片，严嵩，有明一代最大的奸臣，就是伺候这位嘉靖皇帝的。

第三个碎片，读中国历史的人都知道，明朝的中晚期皇帝养成一个坏毛病，就是不上朝，罢工。最著名的是万历皇帝，前前后后三十多年不上朝；嘉靖皇帝二十多年不上朝。

你把这三个细节拼起来之后，会对这个皇帝的印象差到了极点。他肯定是一个很笨的皇帝，要不怎么会养出个奸臣？肯定又是个很坏的皇帝，要不忠臣海瑞怎么会骂他？还得是个懒皇帝，要不怎么不上朝？一个又懒、又坏、又笨的皇帝，我们对他印象肯定不好。

可是你真去翻明朝的史书，你又觉得他不是这样。在明代当时的大量史料当中，但凡提到这个嘉靖皇帝，不见得有什么好话，但是没有一笔敢小瞧他，基本上都说嘉靖皇帝是一个英断之主，就是这个人非常英明，非常聪明，对朝政的控制非常严密。

你不觉得这前后两个印象之间有出入吗？确实，我上中学开始，就读嘉靖一朝的很多史料，不是读原始的，而是读后人写的，比如大礼议事件，等等。读来读去，关于这个皇帝和这45年的历史，我就串不出一个逻辑来。

直到近些年读到了李洁非先生的《龙床》，这本书帮我把嘉靖这个人所有一鳞半爪的印象，串出了一个总的逻辑。李洁非先生讲，嘉靖这个人是利用文字、精神、心理因素，去驾驭权力的大家。接下来我们讲的可不是什么一般的历史，而是从那一段历史当中获得一个角度，来观察权力这个现象，我们能洞察权力的运作方式和它败坏的过程。

01

少年皇帝也有政治敏感

当然我们没有什么机会当皇帝,这个权术你是使不出来的,但是即使在当代社会,无数的人还是会用那种权术的心法来对我们起作用。我希望能够帮到大家的就是,别跟我玩这套,这套权术我见过,在明朝我就见过。

我们回到嘉靖皇帝。嘉靖皇帝出生在1507年,他当皇帝是在1521年,十三四岁时,按照当时的虚岁叫15岁。大家想想这是什么时候?西方人刚刚经历地理大发现,哥伦布是1492年到达的美洲,从此欧洲历史开始了一个波澜壮阔的现代化进程。而中国历史越来越走到皇权政治发展的顶峰,最后打成死结,嘉靖皇帝就处在这个过程当中。

嘉靖是怎么当上皇帝的?他不是因为他爹死了,他继承了他爹,他爹不是皇帝。嘉靖之前的这个皇帝叫明武宗,是明代最作的一个皇帝。明武宗这个人,整天非常快乐,在宫中给自己搞了一个夜总会,叫豹房,里面养了无数的宠物。

他死的时候才30岁，死的时候没有儿子。怎么办？一般来说没有儿子，就兄终弟及——在他的兄弟当中再挑一个皇帝，发现也没有，因为他爹是明孝宗，明孝宗也就他这么一根独苗，只好到他的堂兄弟当中去挑。挑来挑去，血缘关系最近的就是这个嘉靖皇帝。

嘉靖的父亲是谁？是明孝宗的异母兄弟，被封为兴献王。他的封地就在今天湖北的钟祥，当时叫安陆。如果在明朝当王爷，你的封号当中是两个字，对不起，你这个王爷不值钱。嘉靖他爹叫兴献王，两个字，不值钱。要值钱得一个字，比如说明成祖原来的封号叫燕王，就是值钱的大王爷。

可见，嘉靖这一家仅仅是皇族当中一个边缘化的支脉，如果不是血缘关系比较近，而且明武宗在30岁的时候就把自己活活给作死了，这个机会压根就轮不到他，嘉靖当皇帝是一个天上掉馅饼，正好砸到头的小概率事件。

在明朝当王爷也不是什么好差事，因为生活没盼头，为什么？因为明成祖就是当燕王，然后起家、篡权、造反，最后当的皇帝。后来他的子孙们但凡当上皇帝，最警惕的就是那些叔叔、伯伯、堂兄弟、侄儿，这些王爷，怕他们造反，对他们的管束非常严。

在宫中或者北京，长到一定岁数，一定要去就藩，就是回到你的封地。你以为到了封地就可以作威作福吗？你也就在那儿去享个福而已。所谓的那些封地都是由地方官来进行管理，只不过是把这片土地上应该缴纳朝廷的赋税拨给你王府作为用度。

而且王爷当得跟囚徒一样，你不能到处随便玩，你不能进京看看，没机会，必须申请。而且各个王不能同时来，如果是兄弟，一个封到了山东，一个封到了湖北，你说我们兄弟串串门行不行？不行，你们俩要干什么？你们两个王爷见面，是要造反吗？是要串联吗？但凡当上了王爷，这辈子虽然吃喝不愁，但是什么盼头都没有，跟坐牢一样的。

嘉靖皇帝生下来，基本上就是在这么一个家庭环境里面，他是没有盼头的。但是就在1521年，明武宗一死，整个朝廷当中只剩下两个人说话还算数了，第一个就是死去皇帝的妈，明孝宗的皇后，当时的张太后；另外一个就是内阁的首辅大臣，大学士杨廷和。

这两个人一商量，说国家不可一日无君，赶紧派人到湖北安陆，去接小朱厚熜到北京来上任，去当皇帝。刚开始这两人真没觉得有什么事，第一，朱厚熜年纪非常小，这个时候只有十三四岁，虚岁也才15岁。第二，你当皇帝，这是多少辈子积的德，上辈子把所有彩票都买光了，才中这一回大奖。而且是我们俩决定你当皇帝的，你肯定得感恩戴德、屁滚尿流、连滚带爬地到北京来当皇帝。

可这两人万万没想到，这出戏的大幕刚刚拉开，朱厚熜第一次登台亮相，就表现出了一个权谋大家的本色，这个东西叫什么？叫政治敏感。这小孩没人教，就这个岁数，而且完全没有思想准备。

明武宗3月14日过世，3月26日，12天，以那个时候交通环境，北京接他的队伍已经到了湖北安陆，就给了他六天准备时间打理行李，就上路，到北京。路上又走了20天，到了北京城边。

到了北京城之后，朱厚熜说我先不进城，你先把我继位的礼节拿给我看。按说这也是合理的，礼节给他准备好了，送给他看。他一看说这不行，15岁的小孩就已经有政治敏感了。朱厚熜说，这叫什么礼节，让我先从崇文门进？熟悉北京结构的都知道，这是中间偏东一点的城门。让他从崇文门进，绕到东华门进宫，然后在文华殿先继位为皇太子，最后再登基。我是谁的皇太子？我爹是谁？我爹是兴献王，在湖北已经过世了，我凭什么以皇太子的身份登基？

这就是嘉靖的政治敏感。其实，这道程序确实也是临时加的，谁加的？我们只能推论，就是张太后做的主。张太后打的这个主意其实也很简单，我儿子当皇帝当得好好的，突然死了，现在又弄一个皇帝，是他的堂兄弟，那问题来了，你先当皇太子，这个子是谁的子？就是我的子，我和明孝宗的子，你先过继到我家，当我的儿子，然后你再当皇帝，我就还是正根的皇太后。张太后是最有动机干这件事的，给15岁的小皇帝下一个套，只要你进了这个套，咱俩母子的名分可就算是定了。

但是万没想到，15岁的朱厚熜一眼就把她看破了，我不干，我妈另有其人，我爸另有其人，我凭什么当你们家儿子？就赖在北京城外，死活不肯进城。把杨廷和急的，反复劝说，没用，小孩就坐那儿耍赖。

没办法，国家不可一日无君，而且这小孩手里就这么一张牌，别的他不懂，就是不干。最后没办法，张太后这边只好让步，但让步来让步去，其实也是有一些交易，最后达成的礼节是什么？你不是不愿意从崇文门进东华门，从东边绕进来吗？行，你走正中间。

熟悉北京城结构的人都知道，最南边正中间是正阳门，现在的大前门，然后过大明门。然后进来，进来之后，你先不慌当皇帝，你先看一眼你那个死去皇兄的灵位，人家给你皇位了，好歹去打个招呼。打完招呼之后，去拜见一下张太后，然后到奉天殿成礼，登基当皇帝，奉天殿就是今天的太和殿。

这就叫一个皇帝各自表述了，在张太后看来，你当皇帝之前先来拜见我，我好歹是个妈。可对于朱厚熜来说，什么妈不妈？我只不过是碰巧路过，看了你一眼而已，怎么你就是我妈？这就给后来的大礼议留下了大量的再解释空间，这是第一件事。

第二件事，就发生在他继位典礼的当天，大臣们正在准备典礼，这小孩突然看见了大臣给他准备的继位诏书，替他拟的。突然因为当中的一句话就不干了，死活不参加典礼，耽误了很长时间，最后左右的人死劝活劝，他才把这个典礼给搞完。

是哪一句话出了问题？叫"奉皇兄遗诏入奉宗祧"，前半句没问题，奉皇兄遗诏。问题就出在后半句"入奉宗祧"，"祧"这个字的意思就是继嗣，"入奉宗祧"就是我来继承原来皇帝继嗣祖先的责任。

小皇帝不干了,说什么叫继嗣祖先的责任?你继嗣祖先可包括继嗣你爹,你爹可不是我爹,我不继嗣他,就为这个词又开始闹。但是后来他还是妥协了,因为他觉得这个不太重要,就没有太坚持。

第三件事情,就是定他这个年号。我们现在都知道他的年号叫嘉靖,但是原来阁老们、廷臣们给他拟的年号,叫绍治。小皇帝又不干了,说不用这个年号,为什么?毛病就出在这个"绍"字上,因为这个字带有继承的意思,坚决不继承,我继承谁?我谁都不继承,我就是命好,你们家死绝了,我才当皇帝,我不继承你们家。不用这个年号,最后他自己改名叫"嘉靖",看看这个人有多倔。

02

巧用礼节谋求皇位合法性

　　嘉靖皇帝作为一个权术家的第一个优势,就是有超常的政治敏感,他还有第二个优势,就是知道分寸,什么东西该争,什么东西不该争,他争的都是那些一旦踏进这个圈套,一辈子无法摆脱的东西,他就一定要争。如果仅仅是临时性的一些说法上的问题,他觉得就可以妥协。15岁,我们一定要反复强调这个年龄,这就拉开了明朝历史上非常有名的一个历史事件的序幕,就是大礼议。

　　所谓大礼议,就是关于这个国家最大礼节的一场争议。争的是什么?在我们今天看来,简直可笑得要死,就是嘉靖皇帝和他亲生父母之间的关系。在我们看来,这不是有病吗?有什么可争的?但在当时,这可是一个不得了的天字号事件。

　　为什么?因为一个皇权系统,他的合法性就来自他的皇统,就是你爹是谁,决定你能不能当皇帝,老皇帝死了,应该由他儿子继位,可是他又没儿子,怎么办?就从近支皇族当中过继一个孩子给这支皇统，然后把这个皇统一代一代地传下去，这是儒家经典一直坚持的一条规则。

但是嘉靖皇帝就是不认，他说我的亲生父母另有其人，我不过继给你们家。又不是我自己想当皇帝，是你们请我来的，我反正不当你们的儿子。这就造成了一个矛盾，可这个矛盾在儒家的礼法系统当中暂时又没有合适的解法，就引发了这场争议。

他继位的第三天就给朝臣们下旨，说到湖北把我妈接来，我想我妈了。大家觉得也可以理解，一个小孩，才15岁，就去接他妈。又过了两天，他又下了一道诏旨，说我妈快来了，你们倒是议议看，我见了我妈，我管她叫什么？将来我去祭祀我爹的时候，我管他叫什么？你们拿个方案出来。

这些事在杨廷和这些人看来不叫个事，按老规矩办就行了，他就上了一道奏折，写明了一个安排，就是你以后管你的亲爹亲妈叫皇叔父兴献大王、皇叔母兴献王妃，而管死去的明孝宗，管他叫皇考，因为你已经过继给他了，就这么个安排。

而且杨廷和觉得，我在这个安排当中已经很够意思了，亲爹亲妈，我看在你的面子上给他们加了俩字。第一个字是皇帝的"皇"字，很值钱吧？第二个字，是一个"大"字，他原来叫兴献王，现在我让你管他叫兴献大王，这已经很给你面子了吧。

但你想小皇帝他怎么能够接受这个方案？他最计较的就是这一点。但是这个时候的嘉靖皇帝已经表现出一个权谋家的本色，他没有闹，前面讲的那几个故事，感觉他就是一个很拗、很犟的一个小孩。其实不然，这一刻他不犟了，把奏折发下去，说重拟，我不满意，你们重新拟。

杨廷和这些人心想真费劲，一个小皇帝不太懂礼节，这样吧，我再给你上一份奏折，我把这个事怎么来的，包括前朝的一些例子，什么汉哀帝、宋英宗的例子，宋代一些大儒，像程颐这些人怎么说的，我都给你写上，你一看就明白了。你要懂规矩，这就隐含了一种教训的意味。

这第二封奏折上去，按照我们对于嘉靖皇帝脾气的理解，他肯定是继续发下去，你们再议再拟，达不到我目标，我不善罢甘休。但是人家没这么干，他做了一个很特别的处理，把这封奏折留中不发。什么叫留中不发？就是皇帝觉得这件事情我也不便于批示，也不想大家去讨论，我就留在皇城之中，不把这个奏折发下去，这叫留中不发。

按说留中不发是对付那些想无限期搁置的事件，就是这事算了，一般采取这个方法。可是他是要达成一个既定目标，他怎么会留中不发？这就看得出嘉靖皇帝一个权谋家的本色了，他是在等一件事，什么事？就是朝臣当中出现裂痕，文官集团出现叛徒。

你杨廷和虽然是首辅，但也不能一手遮天，有的是低品阶的官员想飞黄腾达，他们想替代你的位置，他们知道皇帝跟杨廷和已经杠上了，这些人就会站出来，他就等。

第二封奏折上去是1521年5月的事情，等到了7月，终于把这个人给等到了，此人叫张璁。张璁其实前半辈子挺不顺的，一直在考试、科举,等到了47岁才考中了个进士。大礼议爆发的时候,他还在礼部当实习生。大家想想看,一个47岁的大叔当实习生,也很不好意思的,按照当时人的看法,47岁,就别找什么机会了,好好当官,回家光宗耀祖,随时准备退休算了。

但是张璁这个时候突然觉得,在嘉靖和杨廷和之间发生的这个矛盾,是他人生的一个绝大机会。在这儿说一句公道话,明代史料对于张璁这个人的道德评价和能力评价,其实都很高,张璁后来也当到了国家的首辅,是明朝的一代名臣。

我们不去推断他的动机,他到底是想投机取巧,还是想捍卫真理?我们不做评价。总而言之,他是当时整个文官集团中第一个跳出来反对杨廷和的,是嘉靖皇帝的第一个战友,嘉靖终于不是一个人在战斗了。

当然张璁讲的是什么道理,杨廷和讲的什么道理,大礼议过程当中的桩桩件件的细节,都是那个时代人的那种咬文嚼字。举一些例子,比如说刚开始嘉靖皇帝就觉得皇叔父兴献大王不好,想让他爸也当皇帝,"我爸也当皇帝了,我就不必给别的皇帝当儿子了"。

争来争去,先能不能给一个皇帝的"帝"字?后来就争成了,叫兴献帝。随后再争,能不能加一个皇字?再后来又变成了兴献皇帝。过后又说,兴献皇帝你们还要在前面加个本生皇帝,就是生我的,他是靠沾我的光才能当上皇帝,能不能把"本生"两个字再去掉?

后来又争，说兴献皇帝能不能入太庙，享受子孙后代的祭祀？后来再争，说这些祭祀的礼节能不能和其他皇帝一模一样？嘉靖皇帝反正前半生基本上就在干这个事，各种各样的争。

争来争去，明朝历史上真就出现了这么一位，他从来没有当过皇帝，但是享受的待遇和其他皇帝一模一样的皇帝。如果你在史籍当中看到一个叫明睿宗的人，就是这个兴献王，实际上他一天皇帝也没有当过。

总而言之，大礼议就这么争来争去，最高潮是什么时候？是嘉靖三年。最后到了什么程度？就是其中有一个阶段，大臣们实在看不下去了，说这个国家整个统序就要乱了，我们跟你拼了。两百多个大臣，其中就包括杨廷和的儿子杨慎，这个时候杨廷和已经告老还乡了，其实被削职为民了，因为跟嘉靖皇帝关系搞不好。

杨慎接过父亲的钢枪继续战斗，带领两百多个官员，说不行，今天不把这个事争出个好歹来，我们绝不回家。就跑到故宫的左顺门，就是今天的协和门。在那个门前跪在地上哭、号，然后摇晃那个门，喊着太祖、太宗，有人不干了，等等。

此时的嘉靖皇帝再也不像他刚刚继位时那么温良恭俭让了，还什么驳回，嘉靖皇帝说，喊是吧？都给我抓起来。两百多个人是吧？查，谁带头的，先下到诏狱打板子，然后剩下接着查，两百多个人最后有180个人廷杖。

廷杖就是直接按翻了打板子，这不是说给你一个羞辱就完了，真是照死里打。一顿板子打下来，180个人当中，19个人伤重不愈，最后死掉了。

嘉靖皇帝一旦掌握了权力，那种迅猛的出击就是我破坏一切规则，按我的规则来。说到这儿，你能体会到他的权术当中的一个特征，前面说了两个特征，第一，政治敏感特别好；第二，对分寸的把握特别好。现在，又显露了他的第三个特征，叫对时机的把握以及拿捏的火候，妙到毫巅，该认输的时候认输，该等的时候等，该出击的时候绝对给你龇出獠牙。

看到这儿，你仍然会觉得大礼议距离今天好远，那帮人跟疯了一样，为那一个字争什么争？你还别说，嘉靖皇帝争这个还争上瘾了。他一生执政可以分成前后两段，后面这二三十年，他主要躲在宫里面炼丹、迷信道教，就干这些事情。前半段这一二十年，他可是个很勤奋的皇帝，可是他的勤奋跟别人也不一样，他最津津乐道的事情就是跟大臣们去讨论儒家的这些礼制。

这个讨论可不是大礼议，讨论他爹妈的封号问题，他什么都讨论，祭天的礼节、祭祖的礼节、祭孔的礼节，只要他看不顺眼的，他就想改。根据李洁非先生的观察，他说他看过《嘉靖实录》，前半段简直就没法看，嘉靖皇帝天天在这儿搞一个学习班，在那儿开个研讨会，不厌其烦地跟臣子们去争论这些事情。

而且嘉靖统治的中期还出了两本大书，《明伦大典》《大礼全书》，都是把他研究礼制的那些心得写成书，而且不仅在中国刊印，还要发到外国，这是我皇帝本人的学术成就。他刚刚进宫的时候，杨廷和这些人觉得这个小孩子不懂规矩、不懂礼，但是后来他居然自学成才，成为有明一代在这个方面学术成就很高的一个人。

看到这儿，你会不会觉得嘉靖皇帝也挺可爱的，原来是为了自己敬爱的父母去争一些东西，争着争着久病成医，最后成了一个专家，还是个很有钻研精神的皇帝，他的性格当中没准儿也有点可爱的东西。

错了，嘉靖皇帝哪里是这个目的？他是一个权术大家，他干这些事情目的非常简单，两个字——权力。

03

权谋家的本色

前面我们讲到这个人特别喜欢在礼仪问题上，搞各种各样的大文章、小文章。举一个小例子，一般一个皇帝都得有一个庙号，要不就叫什么祖，比如说宋太祖；要不就叫什么宗，比如唐太宗，什么是祖？就是开国奠基的，一般来说第一代君主叫祖，因为开疆拓土，其后的都叫宗，即使像李世民那么牛的，都只能叫唐太宗。可大家有没有想到，中国历史上有两个朝代有两个祖，一个是清朝，努尔哈赤清太祖，然后康熙叫清圣祖。康熙也算是实至名归，因为清代疆域的最后奠定，什么收复三藩、收复台湾，确实是康熙干的。

可是你有没有想过，明代也有两个祖，一个明太祖朱元璋；还有一个，那个造反的、篡位的朱棣，后来叫明成祖。这个明成祖就是嘉靖皇帝给改的，原来朱棣死了之后的那个庙号，叫明太宗。一直到他孙子的孙子的孙子，到嘉靖的时候，才改成这么一个明成祖。

你觉得好奇怪吧,他为什么这么干?很简单,他觉得我跟朱棣是一样的,我这皇帝位子不是我老子传给我的,是我自个儿挣来的。其实还在计较大礼议那个事,但是你琢磨琢磨这个心思用得有多深。

说到这儿,你可能会觉得很奇怪,一个皇帝你天天放着那么多事不管,天天跟这一字一句去较劲,你不是有病吗?他还真不是有病,他所有的目的其实都是为了巩固权术。要想理解这一点,你就必须重新理解儒家意识形态在中国几千年历史中的演变。

儒家刚刚起来,是汉武帝罢黜百家,独尊儒术的结果。你说儒家在汉代有没有被尊过?确实很尊,但这个"尊"是在学界的尊,在政治地位上其实没有怎么尊。

汉代之后,就是一个很长的儒学没落时期,大概有800年。从三国一直到五代十国。你说那不是中间还有一个唐代吗?唐代不是盛唐吗?对,可是唐代是儒释道三教并存,首先皇家觉得我姓李,李耳也姓李,老子,我们遵奉道教。那些民间的士大夫又特别崇拜佛教,儒教在这当中显得非常不高冷,儒教在唐代的位置其实非常微妙。

儒教真正起来是宋代,宋代大儒辈出,像北宋的程颐、程颢,南宋的陆九渊、朱熹都开始出来了。但是宋代的民间儒化的程度其实没有那么高,主要是高层精英当中出现了大儒。

到了元朝的时候,蒙古人管你什么儒学不儒学,八娼九儒十丐,将近一个世纪里面,儒学的地位又下降了。直到明朝,儒家才成为一种主流而全面的意识形态，社会的上层和民间社会全部儒家化。

明朝这个朝代特别有意思，朱元璋是一直致力于皇权的一支独大，要把所有的权力收到皇帝自己手里，甚至把宰相都给废掉了。可与此同时，儒家意识形态又成为一种非常强大的对皇权的制约力量。

黄仁宇先生的《万历十五年》中，小万历皇帝在没长大、没亲政之前，简直就是儒家意识形态的一个囚徒。一个小皇帝天天被张居正那些人安排各种各样的功课，早上天不亮就要起来，一直熬到深更半夜，各种各样的典礼要繁复地去参加，天天在那儿换衣服，稍微得点儿空就得读书。

明代的皇帝为什么体现出那样的不靠谱的众生态，跟儒家意识形态的空前强大是有关系的。皇帝只能摆出几个姿势：一种是我狠，不听话宰你们，比如明成祖这样的；一种是说我不搭理你，我跟你们闹，比如说正德皇帝这样的；再一种就是我不搭理你们，我躲起来，我罢工，比如说万历皇帝这样的；还有一种就是认输，你们说什么是说什么，比如明孝宗这样的。只有最后这一种儒家给个好评，剩下全部差评，明代的皇帝在历史上留下的声誉就不好，这就是对皇权的一种制约力量。

基于这个基础，再来理解嘉靖就方便得多了，他为什么天天跟这些儒家知识分子去辩论礼仪？就是争夺权力的最高峰。其实我们对比欧洲中世纪的历史就知道，就世俗政权来说，如果你在精神上不能占据制高点,是很可怜的。欧洲的国王只要得罪了教皇,动不动就被绝罚,一绝罚之后,世俗政权就像纸一样薄,一撕就破。不能占据意识形态的制高点,这是明代很多皇帝下场不好的原因。

嘉靖皇帝就明白这个道理,我们看武侠片当中经常会出现这样的镜头,两个武林高手打着、打着突然不打了,往上蹿,顺着树、竹子,或者顺着山崖往上蹿,为什么?他不是不打了,是要争夺制高点去了,嘉靖皇帝就是这样的一个高手。

嘉靖皇帝在获得了这样的意识形态制高点之后,真的是把士大夫集团玩弄于股掌之上,把他们像面团一样揉来揉去。这四十多年是明代历史上士大夫风气最为败坏的四十多年,不是说没有能人,其实嘉靖用的那些首辅大臣都是非常能干的人,杨一清、张璁、夏言、徐阶,包括严嵩,都很能干。但是这些人一旦看到这位万岁爷,除了胁肩谄笑,就没有其他的表情了,因为这位爷只吃这一套,谁也玩不过他。

嘉靖一朝对皇帝的崇拜达到了一个非常畸形的程度。

为什么出现了一个海瑞骂皇帝,大家觉得太稀奇了,海瑞这个人名气太大了,因为此前和此后骂皇帝的士大夫有的是,像万历一朝骂皇帝,说你什么酒色财气四病俱全,这样的词都可以写在奏疏里的,也没事。

可是海瑞还没怎么骂,就已经变得名满天下。为什么?跟大熊猫一样稀缺,嘉靖皇帝看了奏疏之后气得手直抖,把奏疏扔在地上，说给我逮起来，我搞了一辈子就是防范出现这样的人。后来旁边的太监就说不用逮了，他自己棺材都准备好了。嘉靖皇帝最后为什么没有杀海瑞？保护大熊猫，这种物种，这么"二"的人，我也没见过。

嘉靖皇帝其实到最后已经达到了权术的什么境界？就是可以无视一切规矩，你们儒家给皇帝定的，要参加这个典礼、遵从那个规矩，我可以一概不认。为什么他到晚年可以二十多年不上朝，请注意，他的不上朝和他孙子万历皇帝不上朝，可完全是两码事。

万历皇帝不上朝，叫罢工，叫赌气。他是说臣子们天天对我太狠了，这样，我什么也不干。万历有六个"不"，叫"不郊、不庙、不朝、不见、不批、不讲"，什么意思？就是我既不到郊外去祭天，也不到太庙去祭祖；我既不参加朝会，我也不接见大臣；我既不批奏折，我也不听你们大臣给我讲的什么儒家经书。总而言之，我就当一个彻底的宅男，大门一闭，什么都跟我没关系。

到万历的晚期甚至出现朝署一空的现象，比如说礼部现在缺一个尚书，现在老大臣已经死了，要补一个大臣，万历不管。以至于当时六部堂官几乎都没人当了，整个朝廷处于一个真空状态，到万历的晚年，他就不管。

可是嘉靖皇帝这二十多年不上朝，不是这个情况，他对朝局的掌控已经达到了妙到毫巅的水平，首先大量的特务机关遍布朝中，窥刺每一个大臣的微小动作。而且他经常还会接见一些重臣，比如说首辅，然后面授机宜；而且白天炼丹，晚上批奏折，要搞到早上五点钟才睡觉。

再举一个例子，明代的内阁，其职能就是为皇帝起草圣旨的草稿，这叫票拟。这些草稿到了嘉靖皇帝这儿，没有不改的，往往是满篇逐字逐句地改，即使这个草稿已经非常符合他的心意了，仍然要改，找几处不重要的地方，改上几个字，显得大权仍然在我的手里。他到晚年，其实是用这种方式来执政，他只是无视一切礼法规则而已，这就是嘉靖皇帝的权力境界。

04

皇帝和首辅间的权力游戏

社会学上对于权力有一个分法，叫权力的三张面孔，是层次不同。最低层次的权力使用是直接影响决定，这叫权力的公开使用。

第二个层次是影响议事的议程，就是说我们今天讨论要不要建一条高速路，对于议程本身的影响，这是权力的暗中运用。

其实还有第三个层次，就是权力的无形运用，我只是运用权力去改变这个社会和整个权力结构当中人的偏好，说白了就是对意识形态的影响。权力的这三张面孔、三个层次、三个舞台，嘉靖皇帝都有上佳的表演。

但是其实权力还有一个更高的层次，那是进入化境了，就是权力其实表面上没有运用，但它一直都在场，为什么？因为权力运用的最高境界就是控制人，嘉靖皇帝在控制人方面，那真是高手。

嘉靖皇帝是怎么控制人的？在明代政治中，有一个枢纽性的人物，就是内阁的首席大学士，不是宰相，这个角色又被称为首辅。嘉靖皇帝一生用了好多个首辅，最开始是杨廷和，然后是杨一清，再然后就是冲出来第一个在大礼议当中支持他的张璁，后来是夏言，再然后是大奸臣严嵩，最后一个人叫徐阶。

为什么要用这么多人？这就是控制人的手法，我先立一个首辅起来，我很看重你，然后在你屁股后头搁上这么一个年轻人，这个年轻人我就不断地暗示他，让他去攻击这个首辅。等到火候差不多了，把这个首辅扒拉开，把这个攻击他的人再立为首辅，然后在他屁股后头再跟上这么一个人物。一直就是这个手法，简直就是一个炒股高手，在抛盘的时候毫不留情，在拉升的时候手法凌厉，在看涨的时候其实已经盯着下一只备选的股票，他就是这么一个股神。

为什么要这么玩？就是不能让任何一个人在首辅这个位置上待的时间过长，在你羽翼丰满之前就把你干掉，这样我皇帝就握有了最终的权威。其实这套手法历代历朝的权谋家都是这么用的，就像前几年我听曾仕强教授讲，什么叫中国式管理，一个董事长在开大会的时候，发现老臣们是一派观点，有一个非常能干的年轻人是另外一个观点，现场吵起来了，怎么办？

当时毫不犹豫的，一定要猛烈地批评这个年轻人不懂规矩，怎么不懂得尊重老人家？批评完了之后，再把这个年轻人叫到办公室来，说你知道我今天为什么批评你吗？哪能跟老同志那么说话，其实我知道，这个公司能干活的就你一个，你好好干，我看好你，将来我一定支持你，提拔你。这个年轻人感恩戴德，就拼命地干，从此跟那些老臣势不两立。这就是嘉靖皇帝的玩法，历朝历代的奸人都是这么干的。

接下来我们就要解决一个问题，严嵩这个人是怎么回事。严嵩不是个奸臣吗？什么叫奸臣？就是一边残害忠良，一边贪污受贿，一边还欺瞒皇帝。可是嘉靖皇帝哪是好欺瞒的？号称一代英主，你不觉得一代英主和一个奸臣长期共存20年，这到底谁在糊弄谁？这逻辑上讲不通。

严嵩号称奸臣主要源于三个事。第一件事情说他儿子里通外国，准备谋反，这肯定是扯淡。第二件事情说他贪污受贿，后来徐阶在弹劾他的时候，说贪污受贿数额特别巨大，黄金三万两，白银二百万两，还有其他的金银珠宝，又值好几百万两。

后来把严嵩的家抄完之后找不着这笔钱，连一个零头都凑不足。又过了10个月之后，嘉靖皇帝还问，你们不是说有钱吗，钱呢？徐阶只好说，这没准儿还有一个奸臣，怎么回事我也不知道。这也是子虚乌有。

第三件事情，就是有一个号称忠臣的人，就是著名的杨继盛，他上奏折弹劾这个严嵩，说他有五奸十罪，就是说他是奸臣，有五个理由，他有十条大罪。后来嘉靖皇帝据说是受了严嵩的挑拨，就把这个杨继盛给杀了，就这么一个事，叫残害忠良。

这到底是怎么回事？我先讲一个场景，清代成立了一个明史馆，修明代的史。清代有一个特别著名的学者李福，这个人就坐那儿讲，说严嵩根本就没罪，说了好多，把其他修明史的臣子都弄傻了。

后来有一个人就幽幽地说了一句话，说照你这么说，严嵩不是奸臣，那杨继盛就是奸臣，杨继盛弹劾他，他才是陷害忠良。这句话一出口，李福就不敢吱声了，说算了吧，就这么着吧，严嵩奸臣就奸臣吧。为什么？因为在清代，早就有皇帝给定下来杨继盛是一个忠臣，这是谁定的？顺治皇帝。

顺治皇帝曾经下令写过一出戏，叫《忠愍记》，说的就是杨继盛的故事。清朝刚刚建立，需要树立这么一个忠臣的典范供大家学习，杨继盛当了忠臣，你严嵩只能是个奸臣了，这个案子一直到清代才算定案。李福一想，原来是当朝皇帝定的事，我还是不吱声吧。

回到明代，严嵩是不是个奸臣？确实除了杨继盛之外，还有一个叫沈炼的人上书弹劾他，都说他是奸臣。可是你要搞清楚，在明代政治当中，当首辅大臣被叫奸臣，这是你的本职工作，很少有首辅大臣没被骂过奸臣。而且严嵩当首辅时间长，他入阁当大学士20年，当首辅15年，你如果平摊在这么长的时间里面，被骂几声奸臣，又有什么奇怪的？其实都是给皇帝背黑锅。

我不是替严嵩翻案，如果想看严嵩的翻案文章，我建议上网去搜一篇文章，是美国的一个华裔历史学者写的，叫《大学士严嵩新论》，你去看看，严嵩到底冤不冤。在这儿我们得说，严嵩他肯定不是个好人，但是他比前面的夏言、后面的徐阶能坏到哪里去，可能也未必。

但真正奇怪的是严嵩这个人凭什么在嘉靖皇帝面前，居然干了20年大学士、15年的首辅。要知道嘉靖皇帝"炒股票"的手法是很凌厉的。这是为什么？其实这才是真正有趣的地方，原因很简单，有如下四个：

第一，他非常能干，严嵩是最能明白嘉靖皇帝心里想什么的。嘉靖到晚期养成了一个坏习惯，就是经常写个字条，这上面的字什么意思？写得模棱两可。其实他就是让底下人猜，也是他巩固自己权威的一种方式，猜来猜去，发现只有严嵩这个人经常猜得准。

而且严嵩后来岁数大了，他自己老糊涂了，可他那个儿子严世藩帮他猜，也猜得非常准，也是非常能干的一个人。而且替皇上写青词，就是修道用的一种文字，给上天玉皇大帝上的一种奏表，也写得非常好，这是能干。

第二，非常勤快。嘉靖皇帝经常派一些特务到外面给他看看，大臣们下了班都去干什么。特务们回来报告，说严嵩那么大岁数，白发苍苍，熬夜点灯写青词替你干活。嘉靖皇帝说那么大岁数真勤奋。

第三，严嵩特别愿意为嘉靖皇帝去背黑锅，其实杨继盛事件就是一个大黑锅。怎么回事？杨继盛去弹劾严嵩，什么五奸十罪，后来历史学家都在讲，其实都是一派虚言，不敢说一派胡言，就是都没有落实。

但他这封奏疏坏就坏在一句话上，他跟嘉靖皇帝讲，严嵩是个奸臣,你要是不信,你就找你那两个儿子问问,你也可以找别的内阁大学士都问问。坏就坏在这句话上,为什么?因为这句话有一句潜台词,就是你被蒙蔽了,你身边的人都知道,就你不知道。嘉靖皇帝最受不了的就是这个。

另外还有一个地方触犯了他最大的忌讳,就是找他儿子问一问,就是裕王和景王,这两个人是他儿子。可是嘉靖皇帝在修道的时候,他听道士讲了一句话,说你这个人要想健康长寿,必须二龙不相见。什么意思?就是你那两个儿子必有一个将来会当皇帝,也是个龙,你也是个龙,这二龙是不能见的。

嘉靖皇帝说怎么着,你要害死我呀,让我跟另外一条龙见面。而且你提太子干什么呀?你难道要投靠太子,来搞我吗?因为这个他才下令把杨继盛给杀了,严嵩在整个过程当中起到什么作用,其实还真是谈不上。为什么?因为这就牵扯到严嵩的第四个特征,就是他是一个特别阴柔而低调的人。这你想不到吧?一个奸臣不跋扈,而且非常低调。

严嵩这个人原来也是一个饱读诗书的人,后来在嘉靖朝这么会玩权术的皇帝的手下,他就渐渐地变成了一个只能自保,小心翼翼,同时捞点小利益的这么一个人,一只可怜虫而已。

但是他可怜归可怜,嘉靖皇帝遇到严嵩也算是棋逢对手、将遇良才,因为嘉靖皇帝给严嵩下的所有的套严嵩都不钻,这两个人真是虐待狂遇到了受虐狂,这两个人既不爽,又互相欣赏,属于这么一个关系。

严嵩阴柔到什么程度？比如说他前面的首辅叫夏言，嘉靖皇帝就把他搁在夏言的后面，就想挑拨他俩关系，让严嵩去攻击夏言，严嵩不上这个当，对夏言恭敬得不得了。恭敬到什么程度？有一次他跑到夏言府上，说我请您老人家到我府上来吃一顿饭好不好？人家夏言对他什么态度？吃饭？我见都不见你。就吃了一个闭门羹。

严嵩回到家，饭已经摆上了，他把原来准备给夏言的位子摆好，然后就跪在地上，当着自己家人的面，把自己写好的给夏言的祝酒词跪在地上念了一遍。意思就是夏大人，你来不来，我都把你当神敬着。当然，也有人就把这件事传到夏言的耳朵里，夏言就高兴。

嘉靖皇帝不管怎么挑拨，这严嵩就是不去搞这个夏言。嘉靖皇帝说你不搞，你不上当是吧？我就给你来一个狠的，他把夏言突然就撵出了朝廷，然后提拔严嵩当了首辅；然后又把夏言给弄回来，把严嵩给扒拉回去，把夏言变成首辅。我这么给你一挪位，夏言不可能不恨你。

好，夏言恨上严嵩，就天天给他罗织罪名，告他的状等等。严嵩带着自己的全家老小，跑到了夏言的府上，跪在他的座位前，几乎是哭求，我真没有这个意思，等等，就是不要脸。低调到这个程度，夏言一看，还挺服的，心想算了吧，夏言就低估了这个严嵩。

后来夏言被嘉靖皇帝找了一个借口给杀了，你严嵩不动手，只好我老人家亲自出手了,然后,他就接着给严嵩下套,因为这个时候严嵩已经是首辅了。他让严嵩当首辅,当了一年多的独相,什么意思?就是不仅你自己是首辅,而且整个内阁里面办事的大学士就你一个人,你是权倾朝野,一人之下,万人之上,这事搁一般人还不高兴坏了,高兴得鼻涕泡都出来了。

严嵩才不上这个当,不断地上奏折,说不行,组织上赶紧派人来吧,我一个人责任太重,我可不想揽这么大的权。嘉靖皇帝说不上当是吧?这样吧,你不是要人吗?你自己推荐几个人,其实就想让他去延揽自己的党羽,落下一些口实,将来搞这个严嵩。严嵩才不上那个当,说不行,我不能推荐,这种事您自己定。

后来嘉靖皇帝说这样吧,你这么忠诚,我给你上一个封号,叫上柱国,就是国家全靠你,像个大柱子一样撑着的,而且是上柱国。严嵩说不行,这个"上"字我可不能用,"上"只有您能用,搞得嘉靖皇帝特别没脾气,下什么套他都不钻。当然后来也没饶了他,在他屁股后面果然又搁了一个年轻人,这就是后来的首辅徐阶。

其实大家都心知肚明,前面这出戏已经演过好多回了,再开演大家都知道后面的剧本,严嵩知道这个徐阶上来就是要他命的,徐阶也知道自己的使命就是搞严嵩。严嵩对徐阶特别阴柔,他干出了这么一件事,把徐阶请到自己家里吃饭,酒过三巡之后,把自己的儿孙都叫出来,说都给徐大人跪下,当时就跪了一地。

严嵩跟徐阶讲,我岁数大了,将来这帮人能不能活,全拜托你了。徐阶当然只能当场答应了，但是后来徐阶也没有饶了这个严嵩，对严嵩最后下黑手的就是这个徐阶，这当然是后话了。

严嵩最后的下场是什么？虽然他招来招往，跟嘉靖皇帝过了15年的招，最后嘉靖还是没饶了他，利用徐阶把他给攻倒了，把他儿子给杀了，把他的家给抄了；最后严嵩削职为民，贫困而死。后来有人看到严嵩，是在那个墓地里捡人家祭祀的食物吃，最后是活活饿死的。

一个传统的权术家，能够用的权术的招法，在嘉靖皇帝的一生当中，我们都可以看得到，他是最好的一个权术标本。

对我们今天的人有什么意义？其实估计有很多人心里也在想，我领导就是用这些招来对付我们的。

对，可是要知道，权术这个东西它要去使，它有一个前提条件，就是你不得不在这个位置上，你没有其他的选择。我们当代社会是一个开放社会，一个老板他真正想把生意做好，他得用信任、用激励制度请他自己公司里那些能干的人好好干活，现在开放社会，没有谁非得在什么位置上不可。那些权术对于一个开放时代的自由人，其实是无法施展的。

勿以善小而不为，勿以恶小而为之。

第 **8** 章

朱高煦：
恶之花结成的恶之果

正是因为在明朝发生了这么一件事情，最后就在它的机体上演化出了一个巨大的毒瘤，而且根本无法割除。从某种意义上讲，最后明朝就是死在这件事情上面。

引言

我们中国老百姓都熟悉一个词，叫恶有恶报。

这个恶有恶报可不是指你干了一件坏事，将来一定在现实生活当中就遭报应，而是说，做坏事会对你的内心世界发生一种可怕的扭曲。因为你干了一件坏事，你就不得不干第二件坏事来掩盖第一件，然后紧接着再干第三、第四、第五件，来掩盖这第二件。你的一生就会陷入一个黑洞，明成祖这前半辈子就进入了这个逻辑圈套。

接下来我们就来看看这朵恶之花怎么样持续生根发芽，开枝散叶，变成整个明朝两百多年的政治逻辑，最后一直导致这个王朝灭亡。

1402年，明成祖终于变成了永乐皇帝，虽然当皇帝的方式不是很光彩，但是毕竟人家是皇帝。紧接着他就干了很多事情，郑和下西洋，修《永乐大典》，等等。

他还干了一件事，叫"五出漠北，三犁虏庭"，就是御驾亲征，我天子守国门，我去把那个北元，那个残余给继续打掉，这是不是立下一个不世之勋？为我的子孙奠定万世的基业？表面上看确实是这么回事。

但是明成祖这一生有一个特点，就是所有的丰功伟绩都不能把内裤扒下来看，一看哎哟，简直就没法看。就说"五出漠北"吧，第一次是永乐八年，从京城出发，路上走了三个多月。5月8号，算是逮着了一个蒙古人，是一个探子，抓来一审，这算是第一个俘虏，不得了的成绩了。

然后接着往前走，一直走到了这一年的6月9号，才算是看见了一支蒙古军队，一共多少人？几百个人，不得了，二三十万大军看到几百个人高兴坏了，因为几个月没见生人了，追、追、追了十几里路，也没杀到什么人。这就是第一次明成祖御驾亲征，叫一出漠北。

这就消停了吧？到了永乐十二年，接着出漠北，这次带的人多，50万人，确实有成绩，这次杀了几百个人，奏凯而还。紧接着就是第三次、第四次、第五次，基本上都是深入漠北，连蒙古人的毛都没有摸着一根，就回来了。

但是回去写新闻简报不能这么写，皇帝老人家御驾亲征，战果是大大的，然后还搞出这八个字，叫"五出漠北，三犁虏庭"。那意思，我们已经把人家连根拔起了，搞到他老巢去了。

可能地方他确实是到了，但是赶尽杀绝蒙古人这个战略目标他可没有达成，要不怎么给后来的子孙明英宗留下了土木堡之变那么大的祸根？连皇帝都让蒙古人给抓走了。

你可能会问，他是神经病吗？每一次二三十万、五十万兵马出塞外，这得花多少钱？空耗民财，他图的是个什么？他图的就是解决自己的政治死结。什么死结？他原来出身就是燕王，是朱元璋派他在北边驻守国门，防范蒙古人的，后来他起兵靖难造反，提出来的一个理由就是，我对国家有用处，你南京的皇帝凭什么要削我的藩？

好，你这个道理如果成立的话，你现在是皇帝，现在北边还有一些守住国门的藩王，都是你的兄弟、侄子，请问，你要不要把他们内迁？如果你把他们内迁，就说明守国门完全没有用处，原来朝廷削你的藩是对的。如果你不把他们内迁，继续让他们守国门，当看门狗，请问，如果有一天有一个手握重兵的藩王突然起兵靖难，搞第二次靖难之役，威胁到你，你可怎么办？

他要打开这个逻辑死结，他就必须干一件事，就是你们都闪开，我来，我原来就是看门狗，我经验丰富，我把蒙古人给打灭了，这就不需要看门狗了吧？他就跑到塞外一通狂咬，虽然什么也没咬着，逮几只耗子，然后就回来一屁股坐在北边，说我不走了，南京的都城给我迁到北京来，我这条老看门狗守住北边，你们其他的藩王都给我回到内地去，谁也不许握有重兵。

明成祖一生什么搞《永乐大典》、郑和下西洋、五出漠北，甚至是迁都北京，这都是挂在他的功劳簿上的、伟大的工程。其实脱下遮羞布一看，原来都是为了解开他靖难造反的这个政治逻辑死结。

01

篡位皇帝的继承争夺战

下面要说的是他真正难以解开的一个死结。你总要死的,请问,你找什么样的人来继承?原来靖难的时候,他打出来的旗号就是你无能,我来,我行,我是太祖皇帝最棒的儿子。

那好,请问继承制到底是嫡长子继承制,按照宗法制度来,还是按照谁能干谁来?老天爷真是跟他开了个玩笑,我们假设,比如说他生一个大儿子,这个大儿子特能干,就又立贤又立长,这个问题就没有了。

可是老天爷跟他开了个玩笑,就是他极其不喜欢他们家的嫡长子老大,他喜欢老二,请问,你老人家百年之后,你安排谁当继承人?这就成为一个问题了。

说到这儿,有必要简单介绍一下他几个儿子。他一共生了四个儿子,最小的儿子出生一个月就死了,不算数;老三叫朱高燧,和下面要讲的故事关系不是很大,也略过;主要的矛盾就发生在老大、老二之间。

老大叫朱高炽，老二叫朱高煦。你可能觉得奇怪，我们打个岔，一般来说明代皇族起名字都是用同一个偏旁，比如说上一代太子朱标，他叫朱棣，这都是木字边。

那到这一代应该都是火字边，朱高炽确实是火字边，那个煦怎么也是火字边？这就牵扯到中国古文字的一个知识了，下面四个点也是火字边，它象征着熊熊燃烧的大火。烹调的"烹"字，煮东西的"煮"字，下面不都是四个点吗？这儿打个岔，还是回来说这两个人。

为什么不喜欢这个朱高炽？两个原因。第一，太胖了，那个时代胖子就受歧视。史籍上写朱高炽有一句话，叫"稍长习射，发无不中"，说他年纪大了之后就学习射箭，一旦射出去都能中。

听着是好话吧？但是我告诉你，史官坏着呢，这句话其实就是在埋汰他，为什么？因为那个时候射和骑是连在一起的。什么叫射箭射得准？站那儿射不算，得骑在马上射，从古到今都讲的是骑射。

他为什么不能骑射？胖，上不去马，而且加上腿脚不好，只能站那儿射。明成祖朱棣是什么人？马上皇帝，弓马娴熟，他就肯定看不惯这个儿子。

第二个原因，就是因为性格上反差实在太大，明成祖是一个什么人，性格急躁而且残忍，非常坚毅。可朱高炽性格相对来说比较和善，比较宽缓，做事情比较迟钝，一个父亲对于这么一个不像自己的儿子，一般来说是看不惯的。

他为什么喜欢老二？这得说这个朱高煦实在太像他了，弓马娴熟，战场上也非常有勇有谋，一个父亲当然就喜欢像自己的儿子。

而且还不仅是这一点，这个朱高煦是立过大功的，举两个例子。第一个例子，就是在朱棣造反之前，其实他三个儿子都在南京当人质，儿子被扣在南京，你造什么反？就算你得了天下，当了皇帝，你没有继承人。

这就得看朱高煦这个人，非常勇武，他得到信息之后，居然抢了一匹马，带了自己的大哥大胖子朱高炽和三弟朱高燧，斩关夺将，一路逃回北平。一看三个儿子回来了，朱棣高兴，这可以放开手脚大干了，我儿子回来了，这叫天助我也。

第二个例子，在靖难之役的过程当中，南边的建文帝犯了一个天大的战略错误，他居然给前线将领下了一个指示，说勿使朕有杀叔之名。不要让后代认为我这个皇帝杀了我的亲叔叔，打仗归打仗，但是不要把朱棣打死，我们要抓活的，你这可就让前线将领为难了。

与此同时朱棣也知道这个命令，他就演化出一个战略，就是每次打仗的时候，他自己冲锋陷阵在前，反正你又不敢把我怎么样。有的时候一场战斗打下来，他居然能换几匹马，为什么？马死了，对方的士兵只敢射他的马，不敢射他的人。

当然，他也给自己留一个后手，就是把所有的精锐骑兵部队交给了他的二儿子朱高煦，一旦我实在危险了，你可要冲出来救我，经常就发生这种事。这个父子可就不仅仅有天伦亲情，他还有救命之恩，朱高煦多次在战场上救了他。

有的时候被救出来之后，难免情感冲动，一冲动就说出这样一番话来，说勉之，你好好干，世子多疾。就是你大哥朱高炽现在是世子，好像他是继承人，但是对不起，他多疾，身上有病，他活不长，将来我要是得了天下，我让你当继承人，一激动就经常这么说。这就是朱棣夺位之前的继承人的基本态势，朱高煦信心满满，朱高炽大胖子在旁边等着，他也没有招。

但是1402年得了天下之后，又过了两年，1404年，这个朱棣居然就封了太子，封的居然就是世子，原来的老大，他极不喜欢的这个朱高炽。你说为什么？首先这两年肯定是很纠结，为什么还是选了一个他不喜欢的人？我想主要是三个原因。

第一个原因，因为他毕竟是世子，他为什么当世子？是因为朱元璋特别喜欢这个孙子。小孩胖的时候就特别讨巧，朱高炽小时候就胖。

这个朱高炽小时候胖乎乎的，又憨厚，朱元璋的性格跟朱棣很像，非常残忍。但是老爷爷有时候就喜欢跟自己性格不太一样的这个孙子，你到生活当中经常能观察到这个现象。有两个历史上记载下来的事件，有一次朱元璋就让自己所有的皇孙检阅军队，回来向他报告。

其他的孙子都跑去检阅，很迅速地向爷爷报告。唯独这个朱高炽，起来得又迟，回来得又晚，朱元璋就问他，你怎么这么晚？他说这个天太冷，我是让士兵吃了早饭再接受检阅，所以回来得晚。老爷爷说好样的，果然是一个仁厚君子。

还有一次，朱元璋搞了一大堆奏折，也是把皇孙们叫来，说把重要的挑出来给爷爷看。朱高炽这个小孩也是胖，也是笨，可能脑子也不是很好使，挑出来几份奏折，上面全是错别字。朱元璋就不高兴了，说你怎么挑的都有错别字？小朱高炽就讲，我就是觉得这几份奏折特别重要，有没有错别字我觉得不重要。棒，这孙子棒，朱元璋就指定他当世子。

朱棣，他是打着他老爷子朱元璋的旗号造的反，朱元璋给他定的事情他还真就不敢轻易地推翻，这是第一个原因。第二个原因，他在打靖难之役造反的时候，朱高炽是留守北京的，他没有犯什么错，而且也立下了大功，比如说给前方输送一些粮草。

而且还有一次，就是中央的军队已经把北京合围了，是几十万大军合围北京。而朱高炽带着一万人，而且是老弱残兵，居然就把北京给守住了，后来朱棣一个反攻，里外夹击，才把中央军给消灭了。人家有功劳，你凭什么把他给废了？

其实据我猜测，还有第三个原因。前面朱棣讲得好，世子多疾，我现在把你放到太子的位置上有什么了不起？你不是有病吗？迟早会挂，到那个时候我再让老二接班。在朱高炽当太子的这些年里，真是没过好日子，一方面朱棣对他有着出于皇帝对太子的正常的防范心理；另外一方面，还折磨他，恨不得把他早点弄死，好让老二接班。

你可能会觉得很奇怪，虎毒还不食子，对不起，中国古代政治你要是读过一点,你就会知道,天家无骨肉之情,父子君臣之间什么事都干得出来,尤其是朱棣这种性格的人。在朱高炽当太子期间,他是完全没有权力的,被防得个贼死。

现在有据可查的资料证明,他签发过的一些文告都是什么特质?都是水旱灾情、安慰民间,什么领导第一时间赶到现场,群众和家属情绪稳定,就说点这个。另外就是一些皇族进京朝贺的时候,如果是平辈,朱棣来接待;如果是小一辈的,太子来接待,每天都是接待吃吃喝喝,除此没有任何正经事。

02

虎毒也食子

朱棣经常要出门,前面说的五出漠北,三犁虏庭,他不得北伐吗?御驾亲征,他要建北京城。他一旦离开南京,就得这个太子朱高炽监国,监国是古代政治的一个制度,就是皇帝不在京城的时候,往往把太子放在这儿,代理皇帝来处理一些政务。

朱棣一共出去过六次,让朱高炽六次监国。首先他把大部分的行政班子都带在自己身边,带走了,小事你就办。什么叫小事?就是四品以下官员的任命叫小事。

你想想看,整个帝国里面有多少四品以下的官员?名字多得皇上根本就记不住,平时也见不着皇上的面,更何况太子?朱高炽凭什么来做决策任命他们?这种级别的官员本质上是官僚系统自我协调的产物。说白了,朱高炽在南京监国,没有任何权力。

即使如此,朱棣还是不放心,把自己的一个秘书班子——叫六科,留在了南京。那可不是辅佐太子,是负责记录太子行政的一切细节,赏一人因何而赏,罚一人因何而罚,全部给我记录在案，然后按时按点递送到行在，皇帝要看。你说太子还有什么权力？朱高炽这个监国的太子在南京其实就是监牢里的一个犯人，外面的看守是远在天边的朱棣。

当时的刑部尚书叫刘观，这个人是一个著名的贪官，贪赃枉法，已经恶迹昭彰。这朱高炽有时候也实在看不下去，一时没忍住，叫过来批评了两句，以后不许贪赃枉法，要改。就这么个事，被记下来了，并告诉了朱棣，朱棣马上就写信回来了。

那个话说得还是比较温柔的，说当皇帝为人要宽厚，不要动不动就对臣子搞批评，尤其这些尚书都是我任命的，你要给他们留面子。这话说得好像也对吧，这就是领导的艺术，领导永远说正确的话，它的艺术在于什么时候说什么样正确的话。这个话的意思就是，我的人你一个都不许动，连态度上的表达都不允许有。

这还不叫折磨，什么叫折磨？等第一次监国后，就是朱棣回到南京之后，把这几个月时间里所有朱高炽干的事情，用了什么人，调动了什么人，用了什么钱，全部驳倒，全部推翻重来。

而且出文告，是直接贴在午门的，调动的人给我调回来，用掉的钱给我收回来，这不就等于是打脸吗？他一方面嘱咐太子要给大臣留面子，他是一点都不给太子留面子。说白了，如果现代政治分析家要生活在当时，肯定就有解读，这就是要干掉太子，已经是剥夺太子在群僚和百官面前的所有颜面，这哪是一个培养储君的态度？

后来有一个不识相的，这个人叫耿通，他有一次就跟朱棣讲，说不用了吧,太麻烦了,把太子干的事全部驳回,也没有什么大不了的。朱棣就不高兴,不高兴就得杀鸡给猴看,把耿通找个借口抓起来,然后就明摆着跟底下办案的大臣讲,说这个人犯的那些事无所谓,他就是离间我父子感情,像这样的人应处以极刑。

什么叫极刑？剐了,就是寸折,就是因为讲了这么一句还不是明显卫护太子的话,就被活剐了。你说太子以后的五次监国,他能怎么监？噤若寒蝉,所有的事都不敢办。

他东宫里也有一些大臣,这些大臣知道跟着太子肯定是倒霉,都吓得病了。朱高炽就安慰他们,你这不是病了吗？我也没法救你,皇上要看你不顺眼弄死你,我也没办法。但是你放心,万一哪天我真当了皇帝,我照顾你儿子好不好？你说这太子当到这个份儿上有多窝囊。

这其中就发生了一件明代历史上最可惜的事。才子解缙虽然帮明成祖干了很多坏事,但是有一条,他毕竟是文人,文人还是讲究儒家传统的那一套,比如说立继承人一定要立嫡长子。

说有一次,朱棣就对二儿子朱高煦表达出喜爱,这儿子多棒,能打仗,上马姿势多好看。解缙就在旁边讲,说你这个继承人马上是要当君主的,你不能再表扬这种打仗厉害的人,太子现在多棒。朱棣一听就跟他翻脸,说你居然介入我们父子之间这种大事,马上就把他发配到交趾,就是今天的越南,从南京直接发配到越南。

本来这个事也就了了,可是后来解缙从越南回来之后,他不知道有一个忌讳，居然单独去见了一次太子。朱棣在外面，这件事情被他知道了。朱棣一抹脸，根本就不认人，不管你原来帮我做了什么事，什么修撰《永乐大典》，直接就给关起来了，从永乐八年一直关到永乐十三年。

后面的故事朱棣就派纪纲直接把解缙埋到雪里给冻死了，这就是解缙的下场。朱棣怎么折腾太子，那招多了去。比如说突然有一次，也是有一次他伐漠北，回到北京，太子说你回到北京我也得迎接，虽然我人在南京，就派了一队臣子，写着贺表，到北京城外去迎接他。

朱棣说迎接来迟了，这贺表写的字句也有问题，这说明东宫辅佐的那些老师都有问题，全部抓起来。居然就从南京把太子身边所有的人都抓到了北京，一关就是10年。这些人当中可包括明代后来的那些名臣，什么杨士奇、杨浦，就是著名的三杨之二，都被抓起来了，弄得这个太子彻底变成了一个寡头的太子。

后来到什么程度？有一次明成祖朱棣觉得，北京城也建成了，这时候他已经有点回心转意，已经想认这个太子了，就说让他到北京来吧，我们父子在北京团聚吧。他这话刚出口，他身边一个老臣，叫夏原吉，夏原吉就出来说，这趟差事我去，老臣愿往。

朱棣说为什么你去？派个人去把他叫来不就完了吗？夏原吉说你这么多年吓唬太子，他已经吓破胆了，如果这个时候莫名其妙把他叫来，他没准儿在南京就会吓死，没准儿就自杀了。我跟他关系还不错，我跑一趟吧，我去他不会有什么猜疑。朱棣同意了。

这个朱高炽真给吓坏了，差点自杀。后来一看夏原吉来，判断这趟看来不是什么大的坏事，才去了北京。你想想看，这父子之间的伦常关系已经被折腾到这个地步。

你说后来怎么样？后来还真就是朱高炽接了他的班，那就奇怪了，朱棣把他折腾得这么七荤八素，为什么还是选他当了继承人？

朱高炽当这个窝囊太子一当就是20年，其间受尽了屈辱和折磨。但是后来他怎么就咸鱼翻身，终于当上了皇帝？他就是后来的明仁宗。关于这一点，历史上有各种各样的解释，其中一个，说他生了个好儿子，这人叫朱瞻基，就是后来的明宣宗。那朱棣因为喜欢这个孙子，就顺便保住了朱高炽这个儿子的太子之位，这是一种解释。

还有一种解释，说朱高炽太能装孙子了。他装孙子能装到什么程度？我们在史书上看到一个记载，他连身边的人都完全不信。

有一次他身边的一个近臣跟他讲，说最近听说有人在你爹耳朵边上说你坏话，你知道不知道？不知道，我就知道当一个好儿子，侍奉我爹，剩下什么都别跟我说，我什么都不知道。你想想看，一个人隐忍，这样隐忍20年，也真是不简单。

03

继承者正统性的思量

当然这些原因也许都成立,但是我们隔了这么多年的历史烟尘再看这件事情,你会发现朱高炽当皇帝,其实是大势所趋。有三个趋势,三种势能镇在他身边,是潜滋暗长,渐渐养成。

首先,朱棣本身的心思就在发生变化。朱棣在篡位造反之后,他有几个政治死结,他一生要想办法把它打穿。其他几个他都解了,唯独最后一个,就是你怎么选择继承人的问题。

因为他一定要证明自己的合法性,那他的合法性从哪儿来?一直按他讲的,就是当皇帝一定是最能干的,怎么能选择一般的嫡长子?如果坚持这个逻辑,你是不是要让你们家老二当继承人?可是他不敢,因为他心知肚明,如果不坚持嫡长子的继承制度,一定就会引发一个后果——大明王朝长不了。

任何一个皇帝只要他有几个儿子,所有的儿子都觉得我能干,应该我上,不是选贤任能吗?不是不任命嫡长子吗?这就意味着每次换皇帝的时候,都会引发多嫡之争,如果严重的话,就会重演靖难之役这样的全面内战。这样折腾几回，大明王朝还有得好吗？肯定散了架了，这一点朱棣是知道的。

不管他在情感上是多么倾向于自己的二儿子朱高煦，他在理智上知道，一定得让这个朱高炽，自己看不上的儿子当皇帝，否则子孙们有样学样，这就永无宁日。他当皇帝时间越长，这个观念他就越琢磨得清晰。

其实在历史上还有另外一个皇帝，也是这样的，这就是著名的唐太宗李世民。李世民和朱棣是一样的，得位不正，他是通过玄武门事变，把老爹给抓起来，把哥哥、弟弟全家都给宰了，自己才当上了皇帝。他后来就害怕后面的子孙有样学样，李世民是最维护嫡长子继承制的。

但是李世民倒霉，他大儿子不争气，就是那个李承乾。李承乾的名起得多好，承接乾坤，天然就是要当皇帝的。但是李承乾不读书、不上进，还好色，甚至还尝试一点同性恋，最后发展到什么程度？就是居然要派兵把自己所有的兄弟给杀了，自己当皇帝。后来阴谋败露，唐太宗李世民是实在没有办法，才把他废为庶人。

这一点他做得内心极其痛苦，他不想让自己的历史重演，但是这种兄弟阋于墙的事情居然就在他眼皮子底下发生，他最后只好做了一个妥协的选择，选择那个脾气最好的李治当了皇帝，因为李世民知道他脾气好，只要他将来当皇帝，兄弟姐妹们都能保留下来。但是他万没想到，后面还有一个武则天，这是唐太宗的故事。

朱棣也陷入了一样的逻辑，虽然他在情感上有一个偏向，但是他的理智渐渐会让他明白过来的，这就是我讲的第一个大势。

第二个大势，就是我们前面讲的那个朱高煦，他渐渐地失去了他父皇原来对他的喜爱，你想想看，这也是一个一定会发生的事。首先战争结束了，再也用不着你这么个武将，虽然原来你救过老爹的命，但那已经是以前的事了，原来支持你的那些老将们渐渐也就凋零了，没有人在老爹面前继续说你的好话了。

而且朱高煦这个人脾气、性格确实也有一点问题，渐渐地他那个小野心露出来了，要说也不怪他，因为老爹原来许过给他，说世子多疾，好好干，将来我让你当继承人。这个心魔一旦种下去，那个小种子渐渐就要发芽。

刚开始，是选了朱高炽当太子了，朱棣说要不你也封个王吧，叫汉王，但是给你封在云南。不去，云南太偏僻，我要守在南京，南京花花世界好。也可以，不走就不走吧，你就在南京待着吧，于是就给了他一片宅子，这个宅子比太子的宅子还好。这个时候朱棣其实是想扶植他的。

这片宅子叫什么？他不叫朱高煦吗？就叫煦园，煦园是哪儿？就是今天南京的总统府。你现在到总统府去参观，后面的那个花园还叫煦园，这就是朱高煦原来的宅子。

后来他又觉得我功劳这么大，还是不够威风，经常遇到人就说，我像不像那个唐太宗李世民？像不像秦王？这个话说的其实就跟要造反是差不多的，他其实已经露出了这个意思，就是你就是那个唐高祖李渊，现在那个朱高炽就是我大哥李建成，我功劳最大，我应该得江山。

而且这一点还有一个旁证，朱高煦曾经找他老爹朱棣申请过一支卫队，这个卫队的名字叫天策卫。这个名字太有讲究了，什么叫卫？这是明朝的一个基本军事单位，一个卫大概6500人。

天策什么意思？这个名字太有来头了，这是当年唐高祖李渊封赏给李世民的一个称号，因为李渊觉得李世民功劳太大了，又不能让你当皇帝，那怎么封赏你？这样，为你量身定制一个称号，叫天策上将，李世民的府邸就叫天策府，后来他发动玄武门事变，靠的就是这支基础力量。

现在隔了几百年，你朱高煦在南京城里又拥有了这么一支叫天策卫的部队，6500人，实力是很吓人的。就是说，玄武门事变的事，没准儿在明朝就可能重演。

朱棣再喜欢你，以他的性格，没准儿哪一天突然一个念头就会动出来，要是你也搞一个玄武门事变可怎么办？我是谁？我不就是几百年前的李渊了吗？那我最好的下场也就是去当一个太上皇，没准儿你还会宰了我。这个念头如果一起，朱棣一定会防着他。

从后来这对父子关系的互动当中，你也可以分明地看到这一点，朱棣是防着他的。朱棣不是愿意经常在外面跑吗？跑的时候都把这个朱高煦带在身边，你哪儿也甭去，你就跟着我吧。

永乐十一年，朱棣又有一次要到北京，就把这朱高煦也带上了。到了北京之后，朱高煦就提出来，我要回南京，我要回南京。朱棣就跟他讲，说现在天儿马上就冷了，你等到明年开春再回去好不好？路上也不辛苦。

朱高煦就忍下来了，到第二年一开春，他马上就又把这事提出来，真是一天都等不得。朱棣当然就不高兴了，但是也没表现出什么，就说你把你儿子留下来，陪我那亲爱的皇太孙朱瞻基一块儿玩耍，好不好呀？朱高煦就不干了，说我要带我儿子回南京读书，我不能让他留下来。

朱棣马上就跟他翻脸，说你以为我不知道你在想什么吗？你不就是要回南京跟你大哥捣乱吗？我当年也是把儿子放在南京给皇帝当人质的，这个心思我是懂的呀，你以为我把你儿子留下来是要当人质吗？你那个糊涂心思，滚吧。

朱高煦前头一走，后面圣旨就到了，什么汉王，在南京还有大宅子，还有卫队，没那个事了，滚到山东去。给他封到了山东的青州，你给我离南京远点，离北京近点，我来看着你，什么卫队，全部都给我遣散，当然后来也给他配了一支很小型的卫队。

当然，朱棣是什么人？肯定派遣了大量的特务在卫队当中看着他。过了不久，就有报告打到朱棣这儿了，说朱高煦在山东青州可不老实，跟当地的流氓混成一片，经常要扩充自己的队伍，是不是要图谋不轨？

朱棣哪听得了这个？把他叫到南京来，一通臭骂，差点把他废为庶人，说山东青州你也别待了，你给我滚到山东北边一个叫乐安的地方，那个地方距离北京更近，我在眼皮子底下看着你吧。

到此为止，朱高煦和朱棣之间那种父子亲情已经变得非常寡淡了，这时候朱棣防着他，比防着朱高炽还要严重。这是第二个趋势。

第三个趋势，就得看文官集团。因为人家朱高炽虽然是一个不得宠的太子，但他毕竟是正位中宫，那些文官集团受孔老夫子的教育，特别讲究宗法制度这一套，时间越长，文官集团其实是渐渐地趋向于朱高炽的。后来朱高炽之所以能够成功继位当皇帝，跟文官集团的效忠是分不开的。

这就得要说到永乐二十二年，成祖是怎么死的了，他最后一次北伐漠北，在回军的路上，他突然得重病死了。那是七月，尸体马上就要臭，文官集团这个时候就显得特别重要。

后来著名的"三杨"之一的杨荣，此时就在朱棣身边，秘不发丧，还把军中的锡器给熔化了，打造了一顶棺材，然后把所有的工匠全部给杀掉，把朱棣的尸身就放在这个密闭的棺材当中，就是真空包装，给运回北京。

杨荣一方面安排大部队缓缓地向回走，因为这时候特别危险，你想大军暴露在外，主帅又死了，旁边还有蒙古部队出没，这时候千万不能慌神。而杨荣是单人独骑驰回北京，和此时监国的太子朱高炽商量该怎么办。

主要是三手，第一，派出部队去迎接；第二，北京城戒严，严密布防；第三，在府库当中提出银两犒赏士兵，以安军心。很快朱高炽就在北京正式继位，当了皇帝。

　　这个时候你再看看山东乐安的那个朱高煦，他本来就得不到信息，这个时候再想有所动作，黄花菜都凉了。关键时刻文官集团的偏向，就决定了皇位的归属。

　　当然了，历史也跟朱高煦开了一个玩笑，为什么？因为朱高炽当皇帝就当了10个月，20年辛苦熬出来的太子，就只有10个月的皇帝命。我们假设一下，如果朱棣身体好，再撑一年，等朱高炽一死，朱高煦不就是太子吗？但是历史偏偏就没给他这个机会。

04

藩王造反后留下的毒瘤

朱高炽死了之后,就是他宝贝儿子朱瞻基明宣宗登基。这个历史还挺有意思的,因为朱瞻基这个时候在南京,他得了这个消息之后,马上回北京去奔丧。朱高煦这个时候终于得到了一生当中唯一的一次机会,就是沿途截杀,因为他在山东,真就干了这么一件事。

但是朱瞻基也是走运,或者说特别机警,他得到消息之后马上就上路,在截杀队伍到达地点之前,他已经过去了。那朱瞻基登位之后,还在经常发布文告这么说,经常有人说我叔叔朱高煦要造反,哪有那个事?我们一家人关系好着呢,动不动还给朱高煦一些封赏。但朱高煦这口气是实在忍不下来,终于造反了。

那造反的理由其实也没有什么过硬的,现在看那个文书,无非是说你哪座庙不该建,你哪次封赏不该给等,都是这些破理由。明宣宗朱瞻基一看这个理由就笑了,说就这么点事就要造反?你再看看他拼凑的那些人,都是当地的什么流氓地痞,还有放出来的犯人,这个军队也能打仗?

他身边还有一些谋臣在讲,这个朱高煦是不是要打济南?有的人说不对,他可能是要打南京。那明宣宗说胡扯,他哪儿也不会打,那两个坚城他根本就打不下来,他手里的那些人全部是山东乐安的本地人,一旦遇到困难,肯定就龟缩回去了,他肯定是坐以待毙。这样,待我御驾亲征。

这场御驾亲征也真的是很搞笑,朱瞻基就带领部队去了,就有一些人从朱高煦那儿逃过来了,投降了。朱瞻基就说,你们这样改了就挺好,大大地封赏,你们还回去,跟你们的那些朋友讲,不要再作乱,投降挺好。渐渐地,朱高煦那边的部队就跑得差不多了。

最后朱瞻基就给他写封信,说你就投降吧,投降后我待你还和原来一样,你只要把怂恿你造反的那个人交出来,就没事了。朱高煦一想还有这好事,那就没事了,居然一枪没打,一阵未过,就投降了。

后面的故事就更狗血了,明宣宗并没有杀朱高煦,而是把他带回了北京,给他造了一座监牢,还取了一个好名字,叫逍遥宫,你后半辈子就在这儿逍遥吧,不要再去造反了。

有一次明宣宗去看他,朱高煦一看,仇人见面,分外眼红,你还敢来看我,上去就是一个扫堂腿,把明宣宗给绊了一跤。你想皇帝这不气死?正好看见旁边有一口大鼎,两三百斤重,就命令自己的卫士,把他给我扣里头,我让你再出来造反。

但是朱高煦力气大，居然就把这个鼎举起来了，要砸明宣宗。明宣宗说给我按住，鼎下面放木炭，给点着了，我要把你活活烤死。后来朱高煦就落到了这么一个下场。

　　说到这儿我们要说什么？其实，整个唐代之后，这种藩王造反的现象，在明代是最为严重的，始作俑者是谁？就是明成祖朱棣。因为你的子孙都知道，一旦皇帝不行，我这儿稍有实力，就有样学样，学学你，没准儿就能成功当皇帝。

　　一直到明代的中后期，明武宗的时候还有两起，一个是甘肃的安化王朱寘鐇造反，另外就是江西的宁王朱宸濠造反。这两起事件其实几乎是靖难之役的翻版，只不过没有成功。

　　看到这儿你可能会说，明成祖也没造什么大孽，这不是没成功吗？明成祖造成的第一个后果，是藩王造反；但是另外一个后果，你做梦都没想到。

　　明成祖朱棣通过靖难之役造反当上了皇帝，但是这件事情成功概率好低，在整个明朝，只有他一个人成功了。其实放眼整个中国历史，只要是稍微有点寿命的朝代，这样的成功也是仅此一例，这样的成功不能复制。

　　你可能会说，有什么了不起？当个故事听一听而已，本来就是一个孤例。但是你有没有想到，正是因为在明朝发生了这么一件事情，最后就在它的机体上演化出了一个巨大的毒瘤，而且根本无法割除。从某种意义上讲，最后明朝就是死在这件事情上面。

　　简单推演一下这个逻辑你会发现，最开始朱元璋算盘打得是挺好的,我是造反起家的,我谁都不信,什么太监、外戚、权臣,都给我闪一边,我姓朱的就信我姓朱的子孙,所谓血浓于水。他就想着,我能不能通过道德教育,颁发一些祖训,搞一些管理制度,来确立一个藩王制度,我把我的子孙后代分封在各地,尤其是防范北边蒙古的边患。他在北边一溜排开了九个王,然后通过一些制度,让他们来拱卫中央,这样我老朱家的天下不就万世不替了吗?

这个打算也挺好,但是为这个打算你要付出点什么?第一,当然是制度上的保证,就是每一个明代藩王,在明初的时候,具有极大的权力,他的封地里面虽然也有一些地方官,这个地方官好像也是对接到那个文官的官僚系统里面的,但是对不起,大事小情都必须汇报给这个藩王,藩王可谓是上马管军,下马管民。

他甚至在他的封地里面还握有一些司法的特权,只要他觉得这个案子该我审该我判,就拿过来了。而地方官对于一些亲王和藩王犯法的事情,你是不能管的,你顶多向中央汇报,中央再通过什么皇亲会议、宗人府,才能去捉拿那个犯法的藩王。

藩王刚开始在地方上的权力极大,威望也极高,所有的文武官员,只要你走到亲王的门口,对不起,文官下轿,武将下马,而且如果见了面,你口称的是一个臣字,我是你的臣子。这是一方面,是制度。

另外一方面就是得给钱,所有的藩王,如果是亲王的话,他的年俸是多少?十万石。什么概念?就是文官系统最高级的文官大概只有这个年俸的七分之一,这个很欺负人。如果藩王生了孩子怎么办？你放心，只要这个孩子长到10岁，国家就开始给他发俸禄，一个10岁的小孩就开始拿工资，而且这一辈子所有的婚丧嫁娶，买房子、买车都是国家给钱。

你琢磨朱元璋这个人，他的心态很有意思，一方面对所有的外人都是极尽残酷苛刻之能事；但是对自己的子孙？他毕竟小时候是穷出身，后来挣下这么一大份家业，就是一个乡下老头，看着自己的满堂子孙，是一种掩饰不住流露出来的慈爱之心。明朝历史上有这么一句话：本朝亲亲之恩，无所不用，远超前朝矣。

什么叫亲亲之恩？就是对待亲人，要有个亲人的样子，该给得给，得舍得，这叫亲亲之恩。可是朱元璋万万没有想到，他死了之后搞了这么一出戏，他的四儿子燕王造反了，而且成功当上了皇帝。

朱棣当皇帝之后，当然脸一抹又开始翻脸，因为他自己干成了这个事，他就又开始学建文帝，削藩。能找借口废为庶人的就给废掉，能杀的杀掉，剩下来的玩命打压。他这二十多年基本上是这么过，就是明代的藩王政治已经开始出现了逆转。

可是他死了之后，又出现了朱高煦的叛乱，后面的皇帝全都吓傻了，原来叔叔是个怪叔叔，一定是要搞我的。明代皇帝防范叔叔，后来就成为他们的一道政治使命。

05

沦落到囚笼生活

　　明代藩王的地位当然就开始出现大逆转了，原来是人上人，后面他的地位简直就是阶下囚。明代的藩王如果你长到一定的岁数，对不起，一定要就封国，你必须要去到你那个地方。

　　一旦去了之后，对不起，你就再也不能出来了。首先，如果要进京，就必须要报告，国家、朝廷要认可你才能进京。而且还有一条，二王不得相见，说我们都是兄弟，一个封在河南，一个封在山东，好近的，我们兄弟俩见一面，不行，二王永远不许相见。

　　而且，你当上这个王，他一般都在城市里面当这个王，如果你出城，比如说扫个墓，给你爹上炷香，这种事一定要报给地方官，如果不得地方官的许可，你连出城给你爹磕个头都不允许。你说春天来了，我要搞个春游，对不起，必须上报，如果地方官没看住他跑出去玩了咋办？地方官要承担连带责任，后果很严重的。

　　如果是年少的藩王，还在北京，就坚决不允许你出北京城，你说我既不住北京，我也不住城里，我住乡下好了吧？可以，但是有一个条件，就是你10天之内必须有三次要到最近的府城，到地方官那儿去画卯，说我人在，我没走远，我没干什么坏事，这才行。

这不就是犯人吗？原来地方官在他们面前是唯唯诺诺，现在地方官就是他们的牢头禁子，是看他们的。

还有一些规定，就更是匪夷所思。比如说，王府里面可能会用一些文人，陪自己下下象棋、当当清客、帮闲什么的，可以用文人，但是必须只能用落第的秀才和落职的知县。说白了，在知识分子这个群体当中，只能给你用一些Loser，稍微精英一点的人你都不能用。

还有一些规定就更有意思了，藩王不允许喝酒，除了自己生日那天，不允许喝酒。你说这是为了什么？喝酒又不碍事。后一条规定，你就知道它什么原因了，不准给人赏赐银两，如果要给下人赏赐银两，你必须到地方官那儿去备案，你才能赏，而且这个案子一直要报到皇帝那儿。

这两个约束条件放在一起，就是任何你有可能培植私人感情、私人势力的事，都不能让你干。明朝后来的皇帝防范他的叔叔、兄弟、堂兄弟、堂叔叔，居然到了这样一个地步。

藩王们没事干，只好去生孩子。那个制度就在激励你生孩子，因为国家给俸禄，而且什么都不让你干，因为你干任何职业都可能脱出这一套管束系统，只好花钱把你养起来。

国家花钱怎么花？它肯定是按人头花，这个级别的一个月给多少钱。那我作为一个藩王,我算得过账,一定是越生孩子挣得越多,那生儿子就变成了他的职业,甚至变成了一个产业。

你琢磨这个道理,因为你每生一个儿子,按照级别,国家发一份钱,生两个,国家发两份钱。可是养两个孩子的成本可不是一个孩子的一倍,越多生,那个边际效应就越高,这个账哪个藩王都算得过来,他们又有钱,身体又好,又有闲,什么事没有,孩子就越生越多。

多到什么程度?这里举一个例子。在明代中期,就是明孝宗弘治年间,弘治五年的时候,山西的地方官把喜讯报到中央,说我们老朱家真能生。有一个住在山西的庆成王,居然生了96个孩子,有163个孙子和510个曾孙子,整个庆成王府如果加上老婆、小老婆、儿子、儿媳妇、孙子、孙媳妇,一千口人,那底下的下人真是没法叫,一千个小主,你说这怎么伺候得过来?

当然这个庆成王还不是最厉害的,后来还有一个庆成王,是他的子孙,更厉害,儿子就生了一百多个。整个庆成王府如果要搞什么典礼,说儿子都来给爹磕个头吧,那排队磕头都磕好半天。而且兄弟之间很多互不认识。

到明武宗正德年间的时候,庆成王就彻底糊涂了,这一大家子我哪儿认得出来?而且这帮小王八蛋还经常冒领钱粮,比如虚报岁数什么的,干脆申请国家派人来给我数数,我这个府里到底有多少人?藩王们就这么能生。

据晚明的徐光启统计,明代的藩王数量,每隔30年就翻一番。有一些数学常识的人都知道,每隔30年就翻一番,这两百多年是一个什么样的数量?

可想而知的第一个后果,就是给国家背上了沉重的财政负担。后来的皇帝也想解决这个问题,他也不想养活这么多人,但是没有好的办法,只有两招。第一招,就是随便找一个借口,把你废为庶人,这总算给国家财政减下那么一点点担子。

那第二招,就是默认这些王府在民间去兼并土地。到明末的时候,变成了遍地皇庄,到处丰腴的土地都让这些王府给占据了,民间的老百姓贫无立锥之地。明末农民战争就是因为陕北的一次灾荒,所谓小冰期,然后就席卷全国,全国糜烂,就是因为老百姓太惨了,土地都让皇帝家人占去了,这是一个后果。

第二个后果就更惨了,明末农民战争的时候,像李自成、张献忠这些人,如果打下一个城市,目标是谁?当然去抢王府了,王府到处都有,里面肯定有钱,而且里面的人像猪一样,他们也不读书,也不上进,从来没出过城,给他地图他都不知道跑,这样的人太好抓了。每攻下一个城池,老朱家的子孙就会惨遭屠戮。

到最后清军入关,再对这些老朱家的子孙再一次屠戮,可以说朱元璋一开始算定的两件事情全部泡汤。第一,靠藩王拱卫中央,最后变成了中央无所不用其极地防范这些藩王。第二,他想对子孙好,但是最后把所有的子孙一百多万人全部养成了一窝猪,被全部拉到了屠宰场,这就是明成祖朱棣搞靖难之役,在理论上给大家推演的逻辑结果。

所有这一切的最初根源就是明成祖朱棣造了一次反，当了一次皇帝，得到了一次本不应该得到的成功。于是兵分两路，首先一朵恶之花在他自己内心里绽放，最后把他自己变成了一只野兽。

第二，这朵恶之花也在国家制度层面绽放，有一个恶的制度，你就必须发明一个更恶的制度来解前面的毒。而一旦一味药解了毒之后，它本身变成了毒，那就再也无药可解了。

权力是一种临时性的平衡态,权力是君臣之间、上下级之间达成的一种共识。

第9章

崇祯：
起早贪黑辛辛苦苦走上
破家亡国的不归之路

有时候中国人读历史，老喜欢讲一句话，叫说时迟那时快。而实际情况是什么？是说时快，那时迟。

引言

  1644年4月22日晚上，紫禁城已经在一片黑暗之中，皇城宫门已经下钥。半夜，一名中年男人开始围着紫禁城跑圈，他披头散发，一边跑，时而还停下来捶胸顿足，呼天抢地。

  这个人是谁？就是大明王朝的最后一任皇帝崇祯。当天晚上闹腾了一夜，第二天早上，他仍然坚持了自己17年来一直坚持的一个好习惯，准时上朝，和阁臣们见见面。但是见面已经没有用了，因为这个时候，李自成的大军已经把北京城包围得严严实实了，跑不掉了。君臣相对，唯有落泪而已。

  据野史记载，这一天早朝，崇祯皇帝还做了一个提议，说先生们，我们要不要去奉先殿完事？奉先殿是什么地方？就是宫内祭祀列祖列宗的地方，相当于太庙。什么叫完事？就是一起去死。先生们，我们一起去死好不好？结果阁臣们面面相觑，没有一个人接茬儿。

  看到这一点，你也基本上知道了，大明王朝已经油尽灯枯、树倒猢狲散。4月24日傍晚，崇祯皇帝摆了一桌家宴，把自己的妻儿老小都叫来喝酒、吃菜。吃完之后，掏出宝剑说，事已至此，我们都没有活着的颜面了。

这个时候你再看崇祯皇帝旁边坐着的周皇后,这是中国历史上著名的贤惠皇后,他们夫妻感情也非常之好。周皇后这个时候就说了一番话,我们先撂下,总而言之,不会是什么"妾身实在做不到,妾身这个正当年华不愿意死"这种话。人家周皇后说完这番话之后,非常从容地一转身,回到后宫就自缢身亡。

留下来的崇祯,派人把自己的三个儿子易容化装送出城,然后面对自己的一双女儿,他掏出宝剑杀掉了一个,砍断了另外一个的手臂,这就是当天晚上发生的事。

再转过天,4月25日,北京城已破,据说崇祯皇帝当天还在皇宫里面奔跑了一圈,等着看是不是有大臣上朝,陪他最后一段,但是没有等来任何一个大臣。绝望的崇祯在自己的贴身太监王承恩的扶掖之下,颤巍巍走到了故宫后面的煤山,也就是现在的景山,在山上的歪脖树下自缢身亡。

这是大多数中国人都知道的一个故事,它永远地定格在中国历史上。1644年,甲申年这一次事变,我估计如果100年后还有电视剧的话,这段故事会被反复编剧、反复重写,反复搬演上荧屏,因为它太悲壮,又太具有戏剧性了,太能调动每一个中国人的内心情感了。

01

皇帝为什么不肯南逃保命

　　这个故事大家都熟悉，我们回到刚才撂下的周皇后的那句话上。周皇后临死前说，夫君，你就是不听我的劝，你别忘了，咱南京还有一个家，咱们应该早早地南迁。说完这番话后，周皇后就自缢身亡。但是这句话引发的问题却是我个人认为中国历史上最有趣的一个谜题，就是崇祯皇帝为什么不跑？

　　对于任何一个生物来说，风险来临，跑是正常反应，也没什么丢脸的。中国历朝历代的皇帝遇到这种情况，只要还有可能，不都是跑吗，西晋不行了，南迁永嘉南渡建东晋；安禄山打来了，唐玄宗带着杨玉环就跑，杨玉环耽误了跑，那杀掉接着跑；后唐唐僖宗都跑过。北宋灭亡了，康王赵构也跑，到南边建南宋，这是正常的。

　　尤其是宋朝那个宋徽宗，你别以为宋徽宗是老老实实被摁在东京汴梁的，没有，人家在1125年的时候，金军南下，第一反应就是跑，把儿子叫来，你来当皇帝吧，钦宗，你来做，我到镇江去进香，到佛祖面前去为国家祈福，就跑了。后来是因为金军退出了，他觉得没事儿了，又怕大权旁落，这才二次回到东京汴梁。金国人杀了一个回马枪，才把老爷子给摁在东京。不是不跑，所有的皇帝都有这个本能。

而且跑的时候，你会发现历朝历代的皇帝腿脚都挺快，南宋赵构是从扬州到南京、到杭州、到温州，最后搜山检海捉赵构，一直跑到海上去了。包括南明朝那个后来的永历帝，不是直接跑进了缅甸吗？崇祯皇帝为什么不跑？

当然事后来复判的话，作为历史我们不容假设，但是我们如果假设他跑了，实际上当时对明朝来说还是相对有利的。为什么这么说？我们分析三个简单的条件：第一，北方当时是连年大旱、大灾，兵连祸结，北方已经糜烂了。那你跑到南方之后，把一片烂摊子丢给李自成。后来证明李自成实际上没有行政统治能力，他一帮农民军，没有长期的行政习惯和传统；加上北方还有一个虎视眈眈的清朝，后金在那儿盯着他。把所有这些烂摊子和问题扔给李自成，没准儿李自成真的就像后来那样，一会儿就兵败如山倒，那你崇祯皇帝再带着自己的几百年皇权正统杀回去，还有东山再起的可能。

第二，就是如果你跑，那么在南方建立南明，跟北方，不管是李自成的政权还是清朝，我们划疆而治。这里存在一个合法性问题，因为你是崇祯，你是皇帝，是天然具有合法性的。无论是东晋的司马睿，还是南宋的赵构，其实在刚刚登基的时候，都面对着巨大的一个统治合法性的问题。因为徽钦二帝北狩,被金国人抓走,没有正式让位给你赵构。赵构一朝,南宋高宗一朝,始终面对着一个是不是要迎二圣还朝?你这个皇位坐得是不是合法?始终面对这个问题,秦桧的故事、岳飞的故事,都是纠结在这个问题上。

可是崇祯没有这个问题,无论你跑哪里你就是正根的皇帝。后来南明出现什么福王系、唐王系,包括左良玉的叛乱等等,都是在争夺这个合法性,导致南明没有办法拧成一股绳,形成一个完整的军事力量来抗清,这就是后来的问题。崇祯皇帝不南迁,也直接导致后来南明的覆亡。

更重要的一条,是明朝有一个天然的优越之处,就是在明成祖朱棣的时候,当时迁都到北京,南京是留下一整套完善的行政系统的。北方有一个尚书,南方就有一个,明朝始终是双首都制。崇祯皇帝如果南迁到南京,他是有一套现成的,马上就可以启动的行政班子可以接受管理。这比当时南宋的高宗赵构面对的情形要好得太多太多了。但是他没有做,没有跑。为什么?

那让我们回溯到历史。有时候中国人读历史,老喜欢讲一句话,叫说时迟那时快。而实际情况是什么?是说时快,那时迟。

大家说明朝,有一句话叫"传庭死,明朝亡"。传庭是谁?孙传庭。孙传庭在潼关战死,跟李自成冲入敌阵战死了。1643年的冬天,李自成大军正式挥兵东进,1643年的12月30日,距离崇祯皇帝死的4月25日将近5个月,完全来得及跑,为什么不跑?

其实在1644年的2月,大概是2月20日,其中有一个大臣,这个人姓李,叫李明睿,他就提出了整套的方案,说老爷子,不行了,咱跑吧。崇祯皇帝他不知道吗?他也知道,说是该跑,但是他跟李明睿讲了一句话,说这个事要保密,事不可泄,泄我则杀你之头。随后李明睿就根据主子的意思提出了一整套方案。

比如让皇帝掏私房钱,即内帑,募一些兵,来保护自己南逃。

崇祯皇帝刚开始听着这个方案,觉得有道理,但要自己掏钱,发内帑?就犹豫了。崇祯皇帝认为这钱要出得户部出。李明睿说,那要户部出,这事儿就变成国家财政的事,就必须提交到朝堂上,让阁臣们来共同商讨了。

于是第二天,1644年的2月21日,这件事就提到了阁臣会议上。马上就有人提出来反对,不行,你不能走,君死社稷,谓之大义。你会说,这个朝臣也是浑蛋,你这个时候挡着这个事干吗?你要务实,要实事求是。但是如果你站在当时士大夫的心态上,你是可以理解这个建议的。

因为第一,确实没到最后一刻,最后一支力量还没有押上去。这支力量就是我们后来都知道的吴三桂,关宁铁骑,还在那个地方,山海关那儿挡着后金。应该把他调回来,如果这支部队再沦陷了,才到了最后一刻。就是说还有指望。

第二,要知道北京城在崇祯年间,已经是一面破鼓万人捶,已经被围城过五回了。当然围城的都是后金的队伍,少数民族,往往是抢点东西就跑了。北京城戒严这件事对于崇祯君臣来说,不是什么新鲜事。这一回有那么严重吗？

第三个原因就更重要，要知道中国人的思维方式里面有一个东西，就是历史和祖先，中国人的思维方式是历史性的。我们今天的人可能不知道，但是当时上上下下脑子里都知道一件事，这件事像一根刺一样扎在每个人的脑子里。

这件事发生在一百多年前，土木堡之变时，明英宗那会儿。英宗因为北狩在土木堡的时候，让北元给抓了，这边扶了一个景泰帝，刚开始是监国，后来当了皇帝。怎么办？北京城又被蒙古人给围了。这个时候就有大臣出来说南迁，这个人是徐有贞。徐有贞说了跟刚才周皇后一样的话，我们南方还有一个家，一整套班子，我们去那儿吧。

这个时候朝臣蹦出来一个人说我反对，这个人是于谦，很多人读过他写的诗，千锤万凿出深山。于谦说不能走。不能走怎么办？于谦说我来，我来。于谦真的挺厉害，就主持了北京城的保卫战，然后就成功了，北元的队伍退走了。

事实证明，最后一刻坚守还是有道理的，保住了一片锦绣江山。这个时候策划南迁的徐有贞反而成了一种奸臣，至少是失败的言论。徐有贞后来被证明真的就是个奸臣。因为后来明英宗被放回来之后，在南苑当他的太上皇，然后徐有贞就策划了夺门之变，让明英宗复位，把景泰帝这一支就给干掉了。虽然明朝的君臣表面上不说徐有贞是奸臣，因为毕竟英宗是他们的祖先；但是徐有贞的奸臣形象，和他做这样一次错误的政策建议连在了一起。

　　一百多年后，讨论这件事情的崇祯君臣都瞬间想起了这件事情，不能跑，跑就是奸臣，就是投降派。虽然是务实，务实派有时候就是投降派，这个时候谁反对跑，反而是忠臣，是再世的于谦。

02

起早贪黑辛辛苦苦走上破家亡国的不归之路

这个时候我们再想想，如果崇祯皇帝坚持，说就得走，不行吗？

崇祯皇帝这件事即使心里千肯万肯，但是你得有人反复恳切陈词，以头碰地，头碰得要出血了，最后我实在没办法，这帮大臣又要拖着我去干这种丢人的事，对不起列祖列宗，这才好南下。没人这么干，就把皇帝晾这儿了，他走得了吗？他走不了。

话说这一天过去没多久，因为前方的败报不断地传来，又有人开始提，说皇上您不走也就算了，要不这样吧，咱们把太子给送走吧。太子到南方，到南京。您这儿实在不行了，太子还在，因为他有正当合法性，他能够再建朝廷，我们还能留得青山在。崇祯皇帝其实这时候心里就不高兴了，什么意思？让我儿子去，我在这儿等死？他心里虽不高兴，但是他理智上又知道，这确实是一个解决方案，这个问题又在朝堂上提出来了。

这时候又蹦出来一个人，叫光时亨，这个大臣说不行，不能走。为什么不能走？不能效唐朝的宁武之故事。唐朝就是这样，唐玄宗跑了，他的儿子，就是后来的唐肃宗，不是宁武又称帝吗？后来唐玄宗就当了太上皇，晚年凄凄惨惨，天天想着杨玉环，说怎么能这样，我们的国家是以孝治天下，怎么能让太子这样做，如果他当了皇上，他就背上不孝的骂名，这个事不行。

崇祯这个气，本来这事他本身就不愿意，骂这个提议的大臣。然后他又明知道这是一个解决方案，又有光时亨出来阻止，他又恨这个光时亨。最后据说，那一天他在朝堂上把桌子都给踢了，不欢而散，这件事就又搁下了。

李自成一路往东打，当然他不是顺着潼关，从河南这条路打到北京；他是从北边，是从大同那边，从昌平这一代打进北京的。最后一个派出去抵挡的大臣叫李建泰，李建泰在兵败的时候，当时就写了一封遗书，也算战报吧，写了一封遗书给崇祯皇帝，意思就是说我死了，你就走吧，真的不要再待了。但是即使是这样最后一次机会，朝堂上也因为各种各样的讨论没有下文。

问题又来了，为什么没有人提议？我们再看宋徽宗，宋徽宗当年去镇江进香的时候，身边带的人多了，蔡京的儿子蔡攸，还有那个童贯，都陪着他跑。哪一朝，你总得出几个奸臣吧，哪怕跑的人不是什么好人，奸臣总是有的吧。这时候只要出来一个人喊一嗓子，给皇上一个台阶下，皇上这个台阶就下了。

为什么没有这个人出来？这又成了一个悬案。而且这个悬案引起我们更大的疑虑是，崇祯皇帝到最后几天，嘴里面基本上就讲一句话——"文臣误我"。本文刚开篇的时候讲，4月23日早朝的时候，崇祯建议跟先生们去奉先殿完事，据说当天早朝，他拿手指蘸着茶水在龙书案上写了几个字，文臣个个可杀。而且他在煤山上吊的时候，也留了一句话，说大臣误我，致失天下。他在临死那几天留下的最重要的一句话就是：朕非亡国之君，诸臣皆亡国之臣。

好奇怪，一个亡国之君通常在临死的那一刻，他恨的应该是对手，就是弄垮他这个国家的对手，他应该恨李自成，恨皇太极才对。他恨自己手下这帮人，而手下这帮人直到最后一刻，也没有任何一个人蹦出来给他台阶下。那问题就来了，崇祯和他的臣子之间到底发生了些什么？

中国历史有一个现象，就是所有的亡国之君都没有什么好名声，因为历史不是你写的，是你对头写的，你的对头说你好话干什么？但崇祯几乎是唯一的例外，他自己不是说吗？君非亡国之君，诸臣皆亡国之臣。后世就接受了这套说法，崇祯是个好皇帝、好领导。他谥号叫思宗烈皇，思是怀念的意思，烈皇是殉国的意思，多么高大的形象。

他自己上位的时候确实也是这样，大家想一想，一个17岁的少年登基之后，迅速地斥退了魏忠贤这样的小人，扶持了东林党一帮正人君子，按照当时儒家的伦理，这就是一个好皇上最开始的生花妙笔。紧接着，他几乎符合儒家对一个好皇上的所有描述。首先非常节俭，他的皇后终年穿的是布衣服。

有一次他参加日讲，文臣们给他讲儒家经典，袖口破了点，他自己有点不好意思，往里掖了掖。那日讲官非常精明，马上趴在地上三呼万岁，说皇上，您不必不好意思，您看，您这袖口破了，虽然衣服破了不太体面，但这是您有俭德呀，这是儒家非常提倡的德行。崇祯一听对呀，我有这么好的品德，这样，咱们加码吧，把那个江南的织造给撤了，什么织造，给我一个人做衣服，困我一方百姓，不干了。他是这样一个人。

而且他非常勤勉，勤勉到什么程度？在整个大明王朝里，除了朱元璋，可能只有他一个人，每天工作八个时辰以上，就是这么一个人，可能一直到清代才能看到这样勤勉的好皇帝。儒家理想中这么优秀的一个皇帝，你想他自己是什么心态？据说有大臣拍他马屁，说您是中兴之主，好比汉文帝。他就不高兴，汉文帝是二流皇帝，不是贬低我吗？

大臣一看拍他马屁不高兴，说可比唐宗宋祖，稍逊风骚那两位。他还是不高兴，他说了一句狂话，如果说扫平群雄，我不如唐太宗；但是唐太宗什么闺门不肃，家里他跟兄弟闹成那样，把我跟他并列，我还不高兴。他说这个话，把他比唐太宗，看不上。这就是他自己对自己的评价。

当然后世对他的评价也是这样，清代皇帝，出于各种政治动机，经常还哭一哭，拜一拜他，还给他建个碑，等等，说的都是他的好话。有野史这么写的，崇祯把自己的太子送出北京城，后来又被抓到了，送到李自成面前。李自成问他，你父亲呢？回答说死了。李自成说如果你父亲在,我必尊养之,把他尊起来,养起来,我不会杀他的,你放心。朱家太子说,那你杀不杀我?李自成说,我不杀你,你又没犯错,我枉死你干什么?

李自成认为文官不是好东西,贪官污吏不是好东西,皇上是好皇上,因为他勤政爱民,这些话相信在民间也是大肆传扬。就连冤家对头李自成都这么想,那可不就是一个好皇帝吗?

但是,我们如果在这颗鸡蛋里,给它挑一挑骨头,会发现崇祯皇帝有一个重大的问题,就是他跟臣子的关系不好。这也是明代的传统,但是有区别。朱元璋是跟开国功臣关系不好,卿不死孤不安,江山不能安全。朱元璋对底层的贪官污吏不好。嘉靖皇帝也是有名的跟大臣关系不好,但主要跟言官,也是跟底层官员。万历皇帝就干得更绝了,你们都不是东西,我躲起来不见你们不上朝。

03

中层领导管理陷阱

可是崇祯皇帝跟中层干部关系不好，这个在明代历史上，甚至可以说整个中国历史上，也是一个孤例。为什么？这就要提到苗棣老师的一本书《大明亡国史——崇祯皇帝传》。

在这本书的封面上有一行小字，特别有意思，"一位不耳声色，不近声色，励精图治的年轻君主，是如何起早贪黑、辛辛苦苦，走上破家亡国的不归之路的"。

可以说明朝就是让这位爷给折腾散的。因为他当政17年，有大量的机会可以补救，大量的机会可以挽狂澜于既倒，但是他没有做到。实际上根据苗老师的分析，崇祯皇帝的整个大明亡国的悲剧，就是他个人的性格悲剧。

他为什么会跟他的朝臣闹到那个样子，以至于在他最危急的时候给他铺一段下坡台阶的奸臣都没有？我们来看看他怎么对待大臣。首先，刻薄寡恩，就是干活行，干活之后给点好处，这不行。

孙传庭是晚明时期了不得的一个文臣，也是一个武将，非常厉害。当年他跟洪承畴两个人灭李自成，灭张献忠，抓住高迎祥。李自成当时已经被他打得不行了，是后来才东山再起的。这是一个非常能干的人。

后来崇祯皇帝就怀疑他装病，让你干什么活你装病，装病就抓起来，甚至一度要杀他。最后看实在不行了，想想也没什么人能打仗了，就又起用了孙传庭。孙传庭这个时候刚从牢里出来，也不了解前线的情况，因为他当年已经把李自成基本上给灭了，小火苗已经扑闪扑闪快灭了，他就跟崇祯皇帝吹牛，给我五千精兵，我灭了他。

崇祯皇帝说好吧，有这好事，五千精兵，给你，去吧。孙传庭到前线一看，我的个老天，仅仅几年时光，李自成那个队伍已经壮大到山呼海啸的声势。说不行，马上给朝廷打报告，说这五千精兵搞不定。

我们就拿一个企业的领导人来说，你的中层干部给你报了一个预算，然后根据实际情况说这不行，我们提高点预算。你这个时候应该实事求是，你猜人家崇祯皇帝说一句什么？崇祯说，你不是自个儿说五千就够吗？不给，就拿五千打。江山是你的呀，对，就生逼着孙传庭用这五千兵，基本上是新招募的新兵。结果孙传庭在潼关一战身死，最后非常壮烈。

当时在战场上孙传庭一看，反正回朝廷，这么一位主肯定也是弄死我，与其在天牢里很不体面地让人弄死，还不如我自己死得了，51岁的孙传庭自己冲入敌阵而死。这应该算是可歌可泣了吧？这崇祯皇帝也真是可气。他说孙传庭不会是跑了吧？自己脱盔解甲潜逃了吧？所有按照阵亡将军的恤典都不给，荫子、封赠，不给。大臣死了之后，不给任何好处。

崇祯皇帝还有第二个毛病，就是溜肩膀，他作为最高统治者、最高负责人，不担责任，所有的责任都是下面的。什么叫负责人？责任你得担啊。《大话西游》里面，唐僧为什么是好领导？他就是这样的，背黑锅我来。

崇祯可不是这么个人，他怎么杀的兵部尚书陈新甲，陈新甲跟他密谋，说咱们跟后金谈判，不跟辽东打了，行不行？主要敌人是李自成，崇祯说你去，你去谈判。

后来谈判好不容易谈成了，结果陈新甲一个失误，把消息给泄露了。举朝大哗，说怎么能投降，怎么能谈判？结果崇祯皇帝就窝了一口气，最后找了一个借口，把陈新甲给杀了。兵部尚书，而且当时是明代朝廷里面为数不多的，号称知兵的兵部尚书。

还有一个兵部尚书更倒霉，这人叫王洽。王洽长得帅，我们经常看到网上有句话，说长得帅也有错？长得帅是没错，可是看崇祯皇帝是怎么对待这位长得帅的？崇祯皇帝非常高兴，在朝堂上夸这个臣子，说多棒这哥们儿，多像门神，多魁梧。

后来有一天，兵部尚书出缺，崇祯皇帝说，那哥们儿不是长得像门神吗？长得像门神就该把门，我们让他来当兵部尚书。这哥们儿从来没读过兵书战策，一下子就从一个工部侍郎当了兵部尚书。事实上史家后来研究,这哥们儿在后来打仗过程中,虽然不懂,但是很勤勉,至少没有犯过什么错。但是有一次大败之后,崇祯皇帝就说,得杀个人吧,不杀个人,这帮家伙不好好干活,杀谁?一看,就是他,门神,门神没当好门神,让别人破关而入,皇太极又祸害他一回,那就杀他吧。就把没有任何错误的王洽,给灭口了。这就叫溜肩膀,所有的责任都是臣下的,跟我当皇上的没关系,有错我就宰你们。

而且崇祯皇帝还有一个性格上的重大缺陷,就是有的时候非常感性。比如说他一生当中下过多次罪己诏,打仗不行,下诏罪己,很委屈,很诚恳的样子,向天下人承认错误。可是承认错误之后,他就憋了一口气,窝了一股火。后来史学家就发现,他每下一次罪己诏之后,一定要找碴儿杀一个人。

当时,有一次也是皇太极破关而入,把北京城一围一抢就走了。崇祯皇帝憋了一口气,下罪己诏,然后就盯上了一个哥们儿,这个人叫吴昌时。崇祯皇帝非说他勾结宦官,把持朝政。怎么把持朝政?把持朝政的不是您崇祯皇帝吗?非说这个。人家就不承认,人家是复社的,有几根硬骨头的,就不承认。既然不承认,就当着所有阁老的面、内阁大学士的面,拿夹棍当场把这哥们儿的腿给夹断了,吓得朝臣魂飞魄散。明朝皇帝不讲理的多的是,当着朝臣打屁股的,打得血肉横飞,打死的都有。但当着大臣的面,把另外一个大臣的腿给夹断了,可能在明代也就这么一回。

其中最有趣的,说他有点感情用事,就是周延儒的事。周延儒是他任用的一个重要的大学士，甚至是首辅大学士。在明代，被杀的大学士一共就四个，崇祯他老人家干死俩，其中有一个就是周延儒。为什么说他是感情用事？就是他最恨的不是说你犯了大错，他最恨的是被欺骗。

周延儒就干过这么一回，有一次清兵又破关南下，在北京城祸害一道，快走了。周延儒也是奸臣，一看对方快撤了，说这是立功的好机会，然后赶紧跟崇祯皇帝说，我出去揍他们。崇祯皇帝说好，大学士点兵，古今一段佳话也，你点兵出去吧。

周延儒哪会打仗？但是他心里想，你清兵要撤了，我就跟在后头追、撵，然后占点便宜，在京畿一带转了一圈，也杀了一些普通老百姓，拿人头，说这就是清兵，回来报功。崇祯皇帝很高兴，赐了很多爵位，封他为太师，赐了很多银两，这事就完了。

但是有人就给周延儒点眼药，说不是那样的，他出去吃喝玩乐，根本就没打仗，他杀良冒功，等等。崇祯皇帝最受不了别人骗他。刚开始他只是用借口把周延儒给撤了。后来是怎么想怎么窝火，受不了，又派人抓回来弄死了。

周延儒也是复社的一个大佬，就有人替他奔走营救，跑去跟崇祯皇帝讲，他还是不错的，不要把他怎么样。崇祯皇帝讲了几个字，说我就恨他奸猾，老骗我。然后这个人就跑去跟周延儒讲，说皇上说了，就恨你奸猾。周延儒说，伺候这位爷，不奸猾行吗？

周延儒死的时候也特逗，太监去传旨，让他自尽。太监去传旨时，说虽然你有这么这么多罪过，但是看在你曾经当过阁老的分儿上，太监也坏，念到这里时故意停下，但是看在你当过阁老的分儿上，大学士的分儿上，周延儒以为没事了，把自己放过了。太监就接着念，赐令自尽。周延儒一听这话，本能反应就起来了，拔腿就跑。后来几个太监给他按住了，最后哪是自尽，实际上就是让太监给弄死了。

从这件事情你就看得出来，崇祯皇帝是一个什么性格的人。他就得出这口气。总而言之，崇祯皇帝就是这么一位爷。

崇祯在位的17年，大学士整个大明王朝杀了4个，他一人杀了2个。兵部尚书14个，他亲手杀掉的5个人，4个人是革职、听参、坐牢等。二品以上的大员，他亲手干掉了二十多人。甚至有一次，就是皇太极又祸害他，走了之后，他实在气不过，抓了几十个大臣押赴菜市口斩首。当时有大臣就在刑场上对他破口大骂。

要知道这在皇权时代，是很罕见的事情，骇人听闻的事情，雷霆雨露莫非皇恩，杀你也是皇恩，杀你之前最后一个动作，让你冲皇上的方向叩头谢恩。但是在皇权社会，一个大臣对皇帝破口大骂，可见大臣对这个皇帝已经寒心到什么程度了。就是说白了，你就是这么一个人，我们干活，干好了、干坏了，你对我们都不给好处；然后所有的责任你都不背，送死也我去，背黑锅也我来，你连唐僧都不如；然后你还跟我使各种小性，用一种感性思维，跟我这么玩，谁还对你好？这就是问题。

我还记得小时候，我爸在一个厂当厂长，有时候他们谈工作，就在家里当我的面谈。有一次，我爸说了一句话，即使是中层干部犯错误，当着普通工人的面也得支持中层干部，不能当着普通工人批评中层干部。

后来我找了一个机会问我爸，我说这不对呀，老师告诉我们，谁错了就应该批评谁，你为什么护着这中层干部？明知道他有错。我老爸说，以后谁替你干活？你在普通工人面前灭了他的威信，以后谁还会为这个厂子尽责尽力？这是我人生官场学的第一课。

这个道理虽然很普通，但它是一个多么重要的官场和权力常识，崇祯皇帝却真的就没有这个常识。那他没有这个常识的结果是什么？我们来看看大臣们跟他是怎么玩的。

04

权力是一种临时性平衡

既然你崇祯是这么一个皇帝,刻薄寡恩,又溜肩膀、不担责任,喜怒无常、感情用事,请问我们臣子该怎么对待你?这里面故事可就多了去了。但这里删繁就简,讲两个人,一个是陈演,一个是魏藻德,是崇祯最后一任内阁的首辅和次辅。这时候已经到了大明王朝将倾的时候,是1644年的春天了。当时大家都还指望最后一支力量,就是吴三桂,关宁铁骑如果回防,大明江山还有一博。

有一天,崇祯皇帝就跟这俩人说,要不咱们把吴三桂调回来吧,但这俩不支持。然后崇祯就支使着陈演,说你写诏书。陈演拒绝了,不写,找一堆理由不写。崇祯皇帝也纳闷,为什么不写?话说过了几天,吴三桂那是多灵巧的人,人家自己就写报告,说我干脆回防吧,我是看门的,家里已经乱套了,我干脆回家打仗呗,我还在门口看什么劲?好,那就把吴三桂调回来。崇祯皇帝跟这俩宝贝儿说,现在你可以写了吧?这俩还是不写,死活不吱声。

这崇祯皇帝就纳闷,为什么不写?陈演和魏藻德出了门之后，在门口就商量，说能写吗？不能写。为什么？万一事后清兵打进来，北方丢了，就是因为咱俩做的这个决策，让吴三桂回防。要说他自个儿说，我们俩千万不能说，到最后人头落地的还是咱哥儿俩，千万不能写。

当皇上就当到这个份儿上，已经到最后死都不知道怎么死的，因为你不担责任，我们何苦为你担这个责任？

更戏剧性的一幕见于一本书，叫《洪业》，这是美国著名汉学家魏斐德写的，也是讲的这一段历史。据说当时李自成围城之后，派了一个曾经投降农民军的宦官杜勋，回去跟崇祯皇帝谈判。

要知道在皇权社会，你朱家已经当了两百七十多年皇帝了，那个皇权的威势还是在，毕竟我是造反的，好不容易打到天子脚下。李自成据说当时通过杜勋，给崇祯皇帝提了几个条件，说这样，我可以退回到山西和陕西，你把这块割给我，我当西北王，然后我就承认你这个皇帝；第二个条件，你给我一百万两白银；第三个条件，就是我为你干点事，我帮你镇压其他的农民起义军，我还帮你去北上抗清，你说好不好？

这个条件对于一个城下之盟来说，已经是优厚得不能再优厚了吧？崇祯皇帝看了这个条件之后，也是两眼放光，赶紧把陈演、魏藻德叫来，说先生们，大势已去，现在就定吧，一言可决之，你们俩赶紧说吧。这俩面面相觑，说什么呀？将来卖国都是我们俩的事，让我们俩到菜市口报到去？不说，要定你定。

崇祯皇帝气得当场就把龙椅给推翻了，你们两个浑蛋，还不说！后来为什么说文臣皆可杀，文臣误我等等，就是这些细节堆出来的。而且文臣到最后对于这个大明江山已经袖手旁观到什么程度，不是没钱了吗？没钱打仗了，得用钱，钱哪儿来？你征饷，民间已经搜刮殆尽了。崇祯皇帝说这么着吧，你们大臣这么多年，你甭以为我不知道，你们都有钱，报效吧，大厦将倾，覆巢之下没有完卵，自己拿银子出来。陈演、魏藻德这俩哥们儿说，哎呀，真的是没有钱呀，都是清官呀，我就差把我们家补丁衣服给穿出来，真没钱。

这魏藻德说，我是首辅，我做个表率吧。魏藻德第二天掏了一百两，打发叫花子，一百两。这陈演干得就更绝，陈演说，我没钱是没钱，但是您放心，我一定毁家纾难，砸锅卖铁也得把钱给你。然后回家他是怎么砸锅卖铁的？据说当时好多人都这么干，直接回家拿一张纸，写着此屋出售，贴大门上，就是我家卖了，卖不了几个钱那不是我的事，反正我准备卖家，什么时候成交，什么时候交银子。总而言之，现银子我是没有的。

这闹剧已经演化到什么程度？当时崇祯觉得靠这些文臣可能是没指望了，打了17年交道，也知道互相之间的不信任已经到了什么程度。皇亲国戚总可以吧？周皇后她老爹周奎，国丈，而且被封为嘉定伯，你这个时候应该做个表率吧，因为你算是皇家和文臣之间的一个中间地带。崇祯就暗示他说，您掏十万两出来，这么多年，我赏您的东西也远远不止这点。

可把这周老爷子给愁坏了，说没有，最近年景也不好，租子也收不上来，就是没钱。最后实在没办法，一万两，再多打死没有。

后来太监就把这事告诉宫里的周皇后，说你爹死活只肯掏一万两。周皇后说这么着吧，娘家亲爹，你能怎么办？说我从私房钱里，贴五千两，你让我爹无论如何凑两万两，就是让她爹再多掏五千两。这太监偷偷摸摸把五千两送到国丈府。国丈一看，又多五千两，得了吧，我再来点回扣，最后国丈交了一万三千两，把皇后给的又昧了两千两。

你说没准儿真就没钱。哪里是这么回事。后来李自成进北京之后干的第一件事，要钱，因为穷怕了的人，都是苦哈哈，就要钱，把所有北京城八百多个官员抓起来，然后打，给每个人下了任务，大学士多少两，谁多少两。最后打出来多少钱？魏藻德反正最后也是被打死了，但是打死归打死，在他们家起出来几万两。这陈演就更绝，打死也不给，后来就被打死了。打死之后上他们家去挖，在地窖底下挖出几十万两。

当然还有更绝的，就是崇祯爷自己。他不是一直说内帑没钱吗，我们皇室内部已经没钱了，最后起出来三千二百万两。我就不理解，这老朱家反正从万历开始就抠门，一直抠门，藏着银子，就不肯往外放，这可能也是一种囤积心理，也是一种病。

就是这样一个非常可笑的局面，到最后的关头，你知道谁最慷慨吗？太监，感动得崇祯皇帝直哭，太监一张一张银票往皇帝身边堆，因为我们是奴才，文官换一家继续当官，我们没办法呀，太监真的是叫毁家纾难。崇祯皇帝气得直咬牙，说外朝这些文臣还不如中官,不如我身边的这些太监。当时文臣跟崇祯皇帝就是这个关系,咱俩没交情,因为我帮你使劲,你不替我挡后路。

最悲惨的一幕,就是崇祯皇帝死之后。他的尸首跟周皇后的尸体,直接就排在东华门门口,几天没人给收尸,大小官员走在旁边绕道走,跟没看见一样。最后是一个六品的主事,这个官员实在看不下去了,自己掏钱买了两口柳木的薄棺,就是老百姓用的棺材,才给这两口子收敛了。

李自成进京之后,原来这些官员什么表现?我们再看陈演和魏藻德这俩哥们儿,其中有一个哥们儿,看见李自成骑着大马要进京了,趴在地上山呼万岁,终于盼到明君了。然后李自成不理他,大兵就过去了,这儿还冲着背影还喊万岁。尤其是这俩哥们儿联手去见李自成,说我们俩是有身份的人,我们见见你。

李自成看见说,你们俩怎么不死,你们不是当官的吗?你们有学问,不是孔夫子教出来的吗,应该殉国才对呀。我们哪能死?有您这圣主在朝,我们要为您报效,我们俩怎么能死?

当然,我们可以指责这些士大夫无耻,很多人都说明代士风不好,士大夫无耻。可是你真的看后来的历史,清军南下的时候,在扬州、在江南,那些士大夫们,什么阖门投火而死,阖门投缳而死,很多。儒家教育几百年,那不是白玩的,有气节的忠君人士很多。可唯独在北京城,在崇祯皇帝身边的这些士大夫,你死归你死,我要好好活,你说这又说明了什么?你能说晚明一代士风就一定是很败坏的吗?不是。

问题的根子，我们还是得从崇祯皇帝自己身上找，正是因为你17年的执政，让君臣离心，你的一系列行为，虽然你自己以为符合儒家的一切圣君的标准，但是你丧失了和群臣之间基本的信任共识。

我终于明白崇祯为什么不跑了，因为没有人支持他跑。不管是跑，还是跟李自成达成任何城下之盟，不管你做出多少暗示，所有的下级官员就在旁边，心里都明镜似的，就看着你不张那个嘴。因为他们知道，一旦他们帮你了，你回头就会把黑锅扣他们头上。请问，谁还去帮你干这件事情？就是这么一个可笑的场景，导致了崇祯皇帝到最后也没有机会离开北京城一步。

最后说一段题外话，就是西欧的海盗。海盗这个职业是没有任何正当性的，可是海盗为了创造正当性，他们有一个理由。每当劫得一艘船之后，马上把船长抓起来，问原来这艘船上的船员，你们说，这个船长原来有没有欺负过你？如果大家说这个船长是个坏船长，现在就给宰了。如果大家觉得是一个好船长，我们给他放了。真的还有船长被海盗抓了，调查之后海盗觉得这是个好船长，还送了一艘船给他，又让这个船长继续当船长，西欧历史上真发生过这样的事。

为什么说这个场景？我们想说权力这个问题，什么是权力？

中国人一直认为，权力是一个稳固的结构，这是一个必须去讨好的威权。哪里是这么回事？都是人类社会，权力是什么？

权力是一种临时性的平衡态，权力是君臣之间、上下级之间达成的一种共识。

在平时，没有外在的风险，大明王朝还是一统江山、铁桶江山的时候，你可以作威作福，大发淫威，摧折你的士气，淫辱你的手下，这没有问题。可是当风雨飘摇的时候，在崇祯十七年那样的状况下，你还去摧折你的臣下，然后破坏已经达成的上下级的权力共识的时候，请问权力这个时候还是权力吗？

就像在现在的企业里面，我们也分明能够看到两种企业。一种企业，老板绝对不许员工在公司叫自己的名字，或者是王总、李总，一律叫自己的小名或者是花名，为了营造一种平等的氛围，千方百计地去讨好自己的手下，安抚他们的心情。

还有一种企业，我也亲眼看见，我在一个领导的办公室里跟他聊天，小秘书进来，偷偷摸摸把一杯凉掉的水换成一杯温热的水；然后过20分钟，非常准时，又进来换一杯温热的水。在那个办公室里，你能感受到一种分明的、浓烈的权力的气味。

罗胖人物传记清单

01.《缔造和平：1919巴黎和会及其开启的战后世界》
作者：玛格丽特·麦克米伦

出版时间：2018年

出版社：中信出版集团

02.《罗斯福：狮子与狐狸》
作者：詹姆斯·麦格雷戈·伯恩斯

出版时间：2011年

出版社：国际文化出版公司

03.《艾伦·图灵传：如谜的解谜者》
作者：安德鲁·霍奇斯

出版时间：2012年

出版社：湖南科学技术出版社

04.《光荣与梦想：1932—1972年美国社会实录》
作者：威廉·曼彻斯特

出版时间：2015年

出版社：中信出版集团

05.《天皇的皇上有五颗星：麦克阿瑟如何改造日本》
作者：俞天任

出版时间：2013年

出版社：东方出版社

06.《领导力：曼联功勋教练弗格森38年管理心得》

作者：亚历克斯·弗格森 / 迈克尔·莫里茨

出版时间：2016年

出版社：中国友谊出版公司

07.《龙床：明六帝纪》

作者：李洁非

出版时间：2013年

出版社：人民文学出版社

08.《万历十五年》

作者：黄仁宇

出版时间：2015年

出版社：三联书店

09.《大明亡国史——崇祯皇帝传》

作者：苗棣

出版时间：2014年

出版社：辽宁人民出版社

10.《洪业：清朝开国史》

作者：魏斐德

出版时间：2017年

出版社：新星出版社

我的人物传记清单

列下你未来半年的读书清单吧!

罗胖,和你一起终身学习!

马上扫二维码，关注"**熊猫君**"

和千万读者一起成长吧！